The Introvert's Edge
to Networking:

Work the Room. Leverage
Social Media.
Develop Powerful Connections

掌控社交

唤醒内向型人的沟通超能力

［澳］马修·波拉德（Matthew Pollard）
［美］德里克·路易斯（Derek Lewis） 著

兰娜 周晴 译

中国科学技术出版社
·北京·

The Introvert's Edge to Networking: Work the Room. Leverage Social Media. Develop Powerful Connections by Matthew Pollard/ISBN:978-1400216680.

Copyright©2021 by Matthew Pollard.

Original English language edition published by arrangement with HarperCollins Leadership, a division of HarperCollins Focus, LLC.

Simplified Chinese translation copyright 2022 by China Science and Technology Press Co.,Ltd. All rights reserved.

北京市版权局著作权合同登记 图字：01-2021-4956。

图书在版编目（CIP）数据

掌控社交：唤醒内向型人的沟通超能力 /（澳）马
修·波拉德,（美）德里克·路易斯著；兰娜，周晴译
. — 北京：中国科学技术出版社，2022.3
书名原文：The Introvert's Edge to Networking:
Work the Room. Leverage Social Media. Develop
Powerful Connections
ISBN 978-7-5046-9422-5

Ⅰ.①掌… Ⅱ.①马… ②德… ③兰… ④周… Ⅲ.
①社会交往—通俗读物 Ⅳ.① C912.3-49

中国版本图书馆 CIP 数据核字（2022）第 020640 号

| 策划编辑 | 赵 嵘 | 责任编辑 | 庞冰心 | 版式设计 | 锋尚设计 |
| 封面设计 | 仙境设计 | 责任校对 | 邓雪梅 | 责任印制 | 李晓霖 |

出 版	中国科学技术出版社
发 行	中国科学技术出版社有限公司发行部
地 址	北京市海淀区中关村南大街 16 号
邮 编	100081
发行电话	010-62173865
传 真	010-62173081
网 址	http://www.cspbooks.com.cn

开 本	880mm×1230mm 1/32
字 数	160 千字
印 张	8
版 次	2022 年 3 月第 1 版
印 次	2022 年 3 月第 1 次印刷
印 刷	北京盛通印刷股份有限公司
书 号	ISBN 978-7-5046-9422-5/C·188
定 价	59.00 元

（凡购买本社图书，如有缺页、倒页、脱页者，本社发行部负责调换）

▍推荐语

这是一张将会改变你生活的社交蓝图，是一个已有人亲身实践过的方法。如果您正在寻找一个真正有效的人际交往实用指南，那非它莫属了。

——尼尔·帕特尔（Neil Patel）

《华尔街日报》最具影响力人物，《福布斯》十大营销人之一

我经常说，成功的秘诀是帮助别人获得成功，这一理念显然也得到了马修·波拉德（Matthew Pollard）的认同。对于那些一想到要在社交场合主动去调动谈话节奏就不寒而栗的内向者来说，这本指南是一个期待已久的解决之道。强烈推荐大家采用这种有效且实用的方法，它能帮助你建立强大、真实、互惠的人脉。

——马歇尔·古德史密斯（Marshall Goldsmith）

《福布斯》五位最受尊重的执行教练之一，《华尔街日报》十大高级管理教育家，彼得·德鲁克基金会的合作者之一

正如马修·波拉德精辟之言，成功的社交并非让你试图去变成另外一个人，而是让你利用自己的天赋去成为自己一直想成为

的人。这是给所有企业家的金玉良言！

——迈克尔·格伯（Michael E. Gerbe）

《纽约时报》超级畅销书、《创业神话》（*E-Myth*）系列书籍的作者

作为一名内向者，我创立世界商讯机构（BNI）的初衷，是为了给那种令人尴尬的社交过程提供一种标准化框架的指导。马修的指导将这种标准化框架的概念提升到了一个新的高度，为所有内向型的职场人士提供了一种适用于各类场合的有效策略。

——伊万·米斯纳（Ivan Misner）博士，

世界商讯机构创始人，《纽约时报》畅销书作者

波拉德指点内向者如何逐步掌握人际交往技巧，从而真正建立起一个互助互惠的人脉圈。对于那些想要寻找一种切实可行的指导方法来有效拓展职场人脉的人士，这是一本必读书籍。

——马克·罗贝热（Mark Roberge）

哈佛商学院高级讲师，Stage 2 Capital董事总经理，HubSpot前首席风控官

马修·波拉德为帮助人们建立真实、强大的人脉圈提供了一种制胜之道。他巧妙地打破了人们对所谓外向型社交领域的思想误区，证明了内向者完全有能力主导整个社交场合。

——德里克·利多（Derek Lidow）

普林斯顿大学创业学院院长

《创业领导力》（*Startup Leadership*）、《建立在基石之上》（*Building on Bedrock*）的作者

马修·波拉德是当前美国头号内向型变革者。他关注作为一名内向者建立人脉圈的价值，每次他都会传授给你一些实用的方法和策略来帮你击败外向者。

——杰弗里·吉特默（Jeffrey Gitomer）
《销售红宝书》（*The Little Red Book of Selling*）的作者

这是一种巧妙机智、鼓舞人心、有效实用的拓展人脉的系统化方法，可以激发你人脉圈中那些有影响力的人物对你以及你的事业产生兴趣，从而助你一臂之力。马修将慷慨、真诚、策略和真心帮助他人的愿望等因素融合起来，向内向者展示了如何将原本糟糕乏味、毫无意义的低级社交转变为互惠互利、受益无穷的高级人脉拓展。最重要的是，我还亲身体验了马修是如何将本书中的理论付诸实践的。我可以诚恳地说，如果你在现实生活中不断地去练习本书所教导的方法，相信日后你定能得到快速成长或更好地服务他人，而且这对你来说绝对是一种前所未有的经历。

——汤姆·金克拉（Tom Ziglar）
金克拉有限公司（Ziglar, Inc.）首席执行官

马修·波拉德在这本书中不仅用风趣睿智的言语讲述了为何内向者可以成功拓展人脉，还为领导者如何创建真正包容的团队和团队文化，从而让外向者和内向者都能在这样的团队中

苗壮成长提供了潜在的指导。

——迈克尔·C. 布什（Michael C. Bush）
最佳工作场所组织（Great Place to Work®）全球首席执行官

对所有行业的职场人士来说，这都是一本必读书籍。本书打破了人们长期以来的思想误区，并精准地解释了为何内向者非常适合掌控社交场合中的谈话节奏。在这本书中，马修向你解读了如何培养人际关系，这将彻底改变你的生活！

——汤姆·德克尔（Tom Dekle）
IBM公司数字销售部副总裁、AA-ISP董事会成员、Inside Sales终身成就奖获得者

想象一下，当走进一个社交场合，你清楚地知道自己将要与谁交谈、会说些什么以及如何来跟进。再想象一下，不久后你自信地建立起了一个互助互惠的人脉圈，里面的人不仅喜欢你的职业，还乐意助你一臂之力。现在就去读这本书，让你的想象都变为现实吧。

——维恩·哈尼什（Verne Harnish）
企业家组织（Entrepreneurs' Organization）创始人，《指数级增长》（*Scaling Up*）的作者

如果你有一个新颖的提议，但却无人能"领会"，那么波拉德的这本书就是为你准备的。

——迈克·米夏洛维奇（Mike Michalowicz）
《下一步解决：提升业务的关键改变》（*Fix This Next*）、《绝对利润》（*Profit First*）等书的作者

作为一名数字营销人员，我明确知道你想要在网络上发布信息前，先在现实世界中验证这么做是不是可靠有多么重要。但作为一名内向者，我也清楚，要想真正在社交场合调动谈话节奏是一件多么难的事情。波拉德所创建的这套精妙绝伦的系统方法，为你提供了一个两全其美的解决之道——这不仅是一种简单、易于操作的策略型社交方法，同时又能让你精准地传达出想要表达的信息。

——瑞安·戴斯（Ryan Deiss）
数字营销人（DigitalMarketer.com）的首席执行官

我总是建议我的学生和小企业客户们，在任何商业活动中都要注意策略的重要性。不过，在谈及人际交往时，人们总会误认为这首先取决于个人性格；而提到策略时，人们通常认为它只能屈居第二。不过，波拉德颠覆了这种思维模式。他指出，如果我们能将这种双赢的社交策略变为一种系统化的方法，那么即便是最羞涩的内向者也可以在社交中变得游刃有余。这本书将帮助你在个人生活和事业成功的最关键环节，即有效的人际交往中塑造出最好、最自信的自己。

——格雷格·塔克（Greg Tucker）
美国密苏里州小企业发展中心董事

自身作为一名内向者，我知道我们中有很多人跟我之前一样，都很难轻松自如、推心置腹地跟他人建立起人际关系。而波拉德，为那些想通过社交来进阶到人生新高度的内向者们，提供了一个思路清晰、切实可行的指南。

——多利·克拉克（Dorie Clark）

入选"全球最具影响力的50大管理思想家"，《哈佛商业评论》（HBR）撰稿人和畅销书作者

马修·波拉德在本书中通过讲述多个引人入胜的故事，来向人们分享一些实用的建议，帮助内向者利用自身优势来建立个人和职场人脉。如果你觉得社交是一件可怕但又必要的苦差事，那么马修将会为你提供有用的策略和语言，让你可以更轻松自如地进入社交过程。

——南希·安科维茨（Nancy Ancowitz）

《内向者的自我推销》（*Self-Promotion for Introvert*）的作者

波拉德为内向者提供的这种极具战略性、实用性和高度可操作性的建议，不仅会让他们的社交过程有科学依据可循，还会让他们的社交更加成功。而且，我敢说，这甚至还会让外向者感到震撼，不禁想知晓他们如何才能掌握这种奇特的魔力。

——安东尼·伊安纳里诺（Anthony Iannarino）

《直效销售：卓越销售员的17个黄金法则》（*The Only Sales Guide You'll Ever Need*）一书的作者，The Outbound Conference联合创始人

在这本新颖脱俗、原汁原味的著作中，马修挑战了所有关

于"如何造就一个成功社交者"的先入之见。这本书注定会成
为商业类和心理自助类经典作品。

——朱迪·罗宾奈特（Judy Robinett）
其作品《给予者》被美国*Inc.*杂志评为2014年最佳商业书籍、
被《成功》（*Success*）杂志列为必读书籍

内向型性格也可以成为你的一种超能力，尤其是当你将其
转化为自己的优势时。波拉德向你展示了如何通过真诚和目标
的完美结合，将社交活动转化为一些可行的步骤。

——蒂法尼·博瓦（Tiffani Bova）
软件营销部队（Salesforce）全球客户增长和创新的传播者《华尔街日报》畅销书《增长智
商》（*Growth IQ*）的作者

在这本可读性极强而又引人入胜的书籍中，波拉德向人们
揭示了内向者如何也能轻松愉快地建立起有价值的人际关系和
职场人脉。这套方法将改变你的职业生涯。

——杰克·塔特尔（Jake Tatel）
世界领先技术创新者之一

作为一名性格内向的高管，却身处于一个看似满是外向
性格人群的职场世界里，我遇到了波拉德在本书中所述的许
多人际交往问题。这本书通过呈现现实生活中的一些真实案
例和有力证据，给予了我颇多启发，让我学会了利用内心的

真诚，并采取更巧妙的方法来提升我的社交能力。

虽然内向者都知道人脉拓展对事业成功至关重要，但是他们依旧不愿为了成功而转变成外向者。这本引人入胜的书籍取材于作者本人的亲身经历，以及他人的成功经验与失败教训，向我们展示了内向者如何利用自己的天生优势成为优秀的社交者。

多亏本书的许多策略，我们基金会顺利收获了更多的捐款。如果你也在寻找一种能够帮助团队内部实现有效交流、设法筹集到事业所需关键资金的方法，那就是它了。

致谢

　　感谢亲爱的布里塔妮（Brittany），她不仅是一位很棒的妻子，还是我最好的朋友，在我写这本书时给予了我耐心与支持，还要感谢她对我的这份深切爱意。

　　感谢我的母亲帮我检查初稿，为我提供了很多精准的点评，并给了我追梦的信心（即使这意味着我要搬到地球另一端的城市生活）。

　　感谢我的父亲给予我鼓励，陪伴我在深夜畅谈，常常引发我的思考，帮助我专注于最重要的事情，并时刻鞭策我变得更好。

　　感谢我的姐姐切尔西（Chelsea）一直在我身边听我倾诉，在我看来她是世界上最棒的姐姐。

　　感谢莎伦（Shannon）为本书所倾注的努力和才华，包容了我的完美主义，并在关键时刻出现在我身边。要是没有你，我可能已经迷失了自我。

　　感谢德里克（Derek）愿意再次同我一起冒险，成为我信赖的知己，并给予我这份真挚的友谊。

　　感谢辛迪（Cindy）支持我所做出的每一个决定，相信我的这些作品，并指点我应该如何出版作品，她是每位作家都梦寐以求的作家代理人。

感谢蒂姆（Tim）相信《内向者的优势》系列书籍的潜力，并给了我时间让我能够实现自己的愿景。

感谢杰夫（Jeff）、海勒姆（Hiram）、西西里（Sicily）欢迎我加入哈伯-柯林斯出版社这个大家庭。

感谢吉米·布朗（Jimmie Brown）、惠特尼·科尔（Whitney Cole）、吉姆·科默（Jim Comer）、安吉拉·达兰特（Angela Durrant）、乔恩·哈里斯（Jon Harris）、莱斯利·希尔（Leslie Hill）、贝萨妮（Bethany）、善·詹金斯（Shan Jenkins）、尼克·詹森（Nick Jensen）、杰伊·卡利（Jay Kali）、贾斯汀·麦卡洛（Justin McCullough）、沙恩·梅兰森（Shane Melanson）、塔里克·穆尔希德（Tarek Morshed）、亚历克斯·墨菲（Alex Murphy）、克雷格（Craig）、乔尔·特纳（Joel Turner）、娜塔莎·沃罗比奥娃（Natasha Vorompiova），以及夏琳·韦斯特盖特（Charlene Westgate）愿意曝光自己的"黑历史"，将切身经历分享出来，供大家学习成功的经验或失败的教训。感谢你们乐于帮助其他内向者收获成功的这份热忱。

感谢我的读者们信任我，再一次和我开启了这段旅程。

序言

电话铃声突然响起，当时恰好是找我的电话。来电者在一家非营利机构工作，他想让我们对他的团队进行销售培训。

"多少钱？"他立刻问道。

"好吧，我先问你几个问题，看看我们是否找对了人。"我这样说道，然后就巧妙地避开了他的问题。"那我们先从这个问题开始吧：你所做的工作中有哪些方面对你来说很有意义呢？"

在接下来的四十五分钟里，我几乎一句话也没讲。我听凭他跟我讲述他的热情、他的事业以及他的员工。最后，他说道："看，我有这么多钱，你能帮我吗？"

紧接着，还没等我顾得上去回应什么，这位客户就开始问："这要花多少钱啊？"然后又紧接着说："请你收下我的钱，好吗？"

我们内向者似乎有一种与生俱来的能力，让我们比外向者更有优势。

是的，你没看错。我，杰布·布朗特（Jeb Blount），全球销售演讲家和培训师、销售类畅销书作家、全球营销大会OutBound联合创始人，也是一个内向者。我不喜欢在拥挤的房间里四处走动，同别人握手。我不擅长社交。我不喜欢人太多的地方，也不喜欢跟人闲聊。我喜欢自己待着。事实上，我和马修初次见面时，我们相互取笑彼此，明面上好像都很享受这种公众生活，但私底下，我们更喜欢安静地生活。

在我的整个销售职业生涯里，记得自己可能跟客户总共就吃过两次饭。我从不打高尔夫球，也从不跟客户一起去看体育比赛。我从不刻意去模仿那些外向者，但无论在哪家公司的哪个岗位，我都是金牌销售。我总能创下新的销售纪录，有些记录甚至至今仍未被打破。

那么，我们内向者究竟有何秘密优势呢？事实上，销售就像人际交往，最重要的技巧就是倾听。而这一点，恰恰是内向者所擅长的。

客户之所以不觉得我内向，是因为我表现得并不像典型的内向者那样紧张害羞，反而，我会表现得像个典型的外向者那样轻松自信。我能够掌控很多人（尤其是内向者）都感觉近乎失控的场面。我之所以能在销售领域取得成绩，并不是因为我戴上了外向的面具，而是因为我掌握着一套系统化方法。

我和马修初次见面时就好像一见如故正是因为他也采用了系统化的销售方法，正如他在自己的第一本书《内向者的优势：安静害羞的人如何脱颖而出》（*The Introvert's Edge: How the Quiet and Shy Can Outsell Anyone*）中所述。虽然世界上有很多出色的内向型销售人员，有些比我们大多数人所想象的还要成功，但马修是第一个真正支持我们多数人相信的观点——内向者才是最好的销售人员！可以这么说：只要掌握正确的方法，内向者就能跟外向者进行正面交锋，且次次都能碾压他们。

　　而这次，马修在《内向者的优势》系列书籍的新书中，从人际交往的角度，提出了自己的新观点。他对这个大部分内向者都自认难以掌控的新领域进行了研究，并制定了一套引导我们逐步利用自身优势、弥补自身劣势的方法。这种社交方式与我们以往所看到的那些截然不同，它是从内向者的角度出发的。它并没有强迫我们变成另一个人，也并未让我们隐藏自己的内向型性格，同时未让我们自我催眠直至成功。相反，他只是教给了我们一种很自然的方法——做自己，但最终却能完全主宰社交场合。对数十亿我们这样的内向者来说，这是个多么鼓舞人心的消息！

　　马修的这套方法令我最欣赏之处在于，他向人们揭示了一个人在社交上能否取得成功并非取决于一些表面的东西，比如，比别人说话更大声，肢体语言运用得当，或者掌握一些握手技巧等。正如他在第一本书中所述，社交上能否取得成功，秘诀就在于你是否采用了系统化的方法。你不需要外表有多么的迷人，或者天生就有多么好的口才。它其实就在于你使用的方法，也在于围绕社交场合里发生活动背后的指导框架。

　　不过，除了讲社交的制胜之道，这本书甚至讲得更深入。我认为，幸福并非一种生活的状态，而是一种追求生活的状态。人生苦短，何故悲惨生活？本书是一本宝贵的书籍，它教给你如何将自己认为重要的东西与让自己真正赚钱的事结合起来。它不仅能让你成为一个社交强者，还能让你真正乐此而不疲。

人们付给我学费，让我教他们我自己最热衷的事情。我希望每个人也都能像我一样。这本书会教你该怎么做。

杰布·布朗特

Sales Gravy公司首席执行官，《绝对成交：高效客户开发内训手册》

一书的作者

目录

第一章

为什么内向者更擅长社交 / 1

我们是如何陷入这种混乱的 / 7

请不要再去模仿外向者了 / 10

调整社交对话中的平衡关系 / 12

内向者的优势之社交方式 / 27

第二章

发挥你的超能力 / 31

做你所爱，爱你所做 / 35

点燃你的内心之火 / 44

第三章

你无法讨好所有人 / 52

目标客户群范围之外 / 56

目标客户群定位基础知识 / 59

做出艰难的抉择 / 67

找出自己的与众不同之处 / 68

第四章

人人都在讲故事 / 76

吸引别人的注意力 / 82

讲故事的艺术 / 85

在谈业务时讲讲故事 / 92

好故事的结构 / 97

第五章

我们的与众不同定义了我们 / 108

一个失误，改变了一切 / 117

受邀分享 / 123

不要害怕与众不同 / 125

打造自己的"统一话术" / 127

第六章

与正确的人交流 / 137

你永远不知道下一次会遇见谁 / 140

不要束于刻板预期 / 147

给予者、索取者和权衡者 / 151

我是如何学会社交的 / 155

进入社交场合前，请先做好调查 / 158

第七章

社交场合里应该怎么做 / 166

为成功社交做准备 / 168

如何邀请他人与你交谈 / 172

别急着达成交易 / 176

结束时约好下次见面的时间地点 / 177

策略"给予者"遇上交易型"索取者" / 180

实践、实践，再实践 / 186

第八章

被人遗忘的一步 / 192

如何跟进捍卫者 / 196

如何跟进资源伙伴 / 200

如何跟进目标客户 / 202

第九章

反馈工厂 / 206

工厂生产线 / 217

第十章

数字前沿 / 220

我个人关于开展线上业务的恐惧心理 / 227

你拥有线上社交的成功要素 / 231

后记 / 234

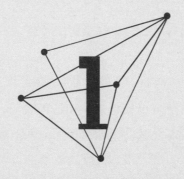

第一章

为什么内向者更擅长社交

失败只是一次重新开始的机会，
而这次行事你要更为明智。

——亨利·福特（Henry Ford）

相比参加社交活动，你更倾向于去做牙根管治疗。

但你内心清楚自己应该去参加这次活动，对吗？因为每个人都在说，参加社交活动如何如何重要，它有助于你早日找到理想的工作、拿下潜在客户，或与某位可以让自己爬上职场巅峰的高层人脉建立起联系。你心里清楚自己也应该去参加……但就是感觉太痛苦了。

然后，你就鬼使神差地走进了某个活动现场。在这期间，也许你听到某某公司可能裁员的事情；也许你回过头来发现这里并没有什么等你去挖掘的客户。不管有什么突发状况，它都需要某种令你足够害怕的事情，让你觉得这份痛苦是值得的，从而让你走出自己的舒适区，然后走进社交场合。

所以你决定，是的，你必须得社交。于是，你就上网查找了一个近期即将举办的社交活动，然后对自己说："我可以的。"接着，把它记在了日程表上。接下来，它就在你的日程表上搁置了好几天。就在临行前，你感到内心很抓狂，仿佛有个声音喊着："不，我不想去！"而另一个声音也在喊着："你必须去！"

于是，你就鬼使神差地去了活动现场。到达目的地后，你停好车，不情不愿地走去。就在这时，一丝恐惧油然而生。然后，你走进活动现场，用双眼拼命地四处寻找自己熟悉的面孔；即便你也想过要试着走出舒适区，去拓宽自己的人脉，虽然一想到这，会让你感到有些不自在，但这也远没有接近一个陌生人那么可怕。你不断在想："如果没人喜欢我怎么办？这是否完全是浪费我的时间呢？如果我说错话了，又该怎么办？"这种感觉，就好像又回到了开学第一天一样。

环顾四周，你发现，这里并没有你认识的人。于是你鼓起勇气，做了个深呼吸，然后走向了你目光锁定的第一个人。距离越来越近，你感到自己心里越来越紧张。你礼貌地同对方握了握手，露出了一个得体的微笑。然后，你就开始了一段尴尬的自我介绍："你好，我是简·史密斯（Jane Smith）。噢，×××吗？很高兴认识你。你是做什么的呢？"你站在那里，听着对方介绍着自己，同时判断着对方是否就是你要找的那个人。此时，你极为渴望能从对方口中听到一条有关某份新工作（哪怕任何工作都行）或某个新客户（哪怕任何客户都行）的有用线索。

接着他回应道："我也很高兴认识你，简。我是卖保险的。你需不需要买份保险？"

唔……你可不是来这买保险的！于是，你委婉地回应道："噢，我目前不太需要，不过还是要谢谢你！"此时，现场气氛变得非常尴尬，直到这个陌生人接着问你是做什么的。你答道："谢谢关心。我是一名业务培训师／会计师／管理服务供应商。"

"噢，不错，不过我目前已经有了一个很满意的培训师／会计师／管理服务供应商。"

这时你心里肯定会想："你当然会有。早知道会这样，我

当初为什么还要来做这件蠢事？"现在该怎么办？你是要试图告诉他为什么选你更好吗？试图挤走他刚刚说的很满意的服务商？可你并不想让他觉得你在强买强卖。也许你会做出另一个选择——有些绝望地问他："你还认识其他需要培训师/会计师/管理服务供应商的人吗？"

他说："我脑子里暂时还想不出有什么人有需要，但我会帮你留意的！我能顺便给你留张名片吗？指不定你日后改变主意，对保险又有需求了呢？"

虽然并不想要他的名片，但出于礼貌，你最终还是收下了。你知道他并不会为你介绍新客户，而且他也并不是你想搭上的目标人物。但你还是抱着一份可怜的希望，幻想着这次相识会神奇地变成一条潜在的客户线索。

你们现在该做什么了？你们之间都已经走完了这一套自我介绍、相互了解对方的老套流程。双方都意识到没有必要再继续聊下去了，但都不想让对方觉得自己之所以还留在这里没走，只是为了寻找下一条潜在线索——那样的话就太不礼貌了。所以，你们都冲对方微笑了一下，其中一个编了个借口，说要去洗手间或要去拿点儿喝的，另一个终于松了口气。

然后见到下一个人的时候，你又得把刚刚做过的事情再重复做一遍。

很多社交类书籍都告诉你要设定一个目标，比如在你每次结束社交活动之前要保证自己至少和五个人有过交流，也许你会强迫自己再去重复经历四次这样的社交过程。当然，这后面四次的对话内容和第一次一模一样。也许最后你发现自己会在想："真想不通为什么大家都说社交很重要？我刚刚白白浪费掉了自己整整半天的时间呢！"

经历两个小时的折磨之后，你回到办公室舔舔伤口，把收到的一堆名片整理在一块，然后把这些名片和你以前收集过的其他所有人的都放在一起——这些人其实都是你应该接着跟进但你却从来没跟进过，可能甚至都不记得当时跟他们说过什么了。但唯一清楚的是：在活动现场并没有和你所需要的人建立上联系。早知如此，那为什么还要自找麻烦呢？于是，你又失望地回到了工作当中，但此时自己的工作已经落后了一大截，因为你刚刚把整整半天的时间都花费在了这种无效的社交上。

我刚用了"花费"（spent）这一词，但其实真正应该用"浪费"（wasted）这个词。你回过头来发现，其实跟昨天相比，你的职场人脉并没有得到什么拓展。实际上，你的情况变得更糟了，因为不仅破费了金钱，如往返路费和活动入场费，也浪费了自己的时间，还严重耗费了心理上和情感上的很多精力。

总结了一番，你就开始自我安慰，失败的原因归根结底还是因为自己是个内向者。毕竟，你在社交场合里看到的那些外向者看起来做得都很棒。他们一定不停地在敲定一单单交易、拿下一份份订单。要是你也能够像他们那样可以游刃有余地进行社交就好了。

但你觉得这对你来说根本是不可能的。

所以你说服自己，至少目前暂时是这样，再忍忍吧。

两三个月后，情况变得更糟了。一度绝望中，你心里就在想："我别无选择，还是得参加社交活动，去拓展我的人脉。"这次，你下定决心要做得更好，于是开始上网学习一些所谓的社交技巧或社交策略。

然后你尝试了学习到的其中一两个技巧，但你发现，回到社交场合中时，自己仍然像以前那样尴尬、痛苦，依然感觉这完全是在浪费自己的时间。那些所谓的专家们给的建议或技巧并没有起到什么作用，你甚至一度感觉自己内心有些崩溃了。对你来说，社交就像是强迫自己试图变成另一个人。当然，对外向者来说，社交是很容易；但对你来说，社交让你感觉自己像一个内向的方钉被人硬钉进外向的圆孔里。你觉得自己很低俗，也不真实，而且你也讨厌这样的闲聊！"我想我只是还没具备成功的必要条件吧。"你默默地告诉自己。

其实我也有过跟你一样的经历。对于像你我这样的内向者来说，如果强迫自己这么做的话，那么社交对我们来说无疑是一种折磨。这并不是我们选择这份职业的初衷。我们希望在从事自己喜欢的工作、过着好日子的同时，还能兼顾自己的家庭生活；并不希望像这样不分白昼，甚至还需搭上自己的周末时间，去对别人强颜欢笑，然后就开始虚伪做作而又耗费精力地自我推销。

我们是如何陷入这种混乱的

苏珊·凯恩（Susan Cain）在其专门为内向者所写的开创性著作《安静：内向性格的竞争力》（*Quiet*）一书中向我们指出：1790年，仅有3%的美国人生活在城市；而1840年，这一比例增至8%；等到了1930年，这一比例竟攀升至33%以上。

在人烟稀少的农村地区，大家相互都认识，你的名声就是一切。然而，随着越来越多的人迁往城市，这种社区关系网与我们日常生活的联系越来越少。正如凯恩所指出的现象，心理类书籍从起初关注内在美德，渐渐聚焦外在魅力。

与此同时，由于工业革命带来了科技发展，工厂生产的商品量超出了当地市场的消化量。因此，这些工厂就开始派遣销售人员到全国各地挨家挨户兜售商品。在此之前，销售活动通常仅发生在当地社区内，所以一般销售人员也认识自己的卖家；不管是商人、牙医，还是其他行当的从业人员，大家都接受不了自己被人冠上不诚实或算计他人的名号。毕竟，大家都抬头不见低头见的。

正如《哈佛商业评论》（*Harvard Business Review*）在《美国推销员的诞生》（*Birth of the American Salesman*）一文中所揭到的，旅行推销员不用担心自己的声誉。旅行推销员不会跟自己所遇到的任何一个人建立有意义的关系，因为他们是在和完全陌生的人做生意。这些推销员通常只有很短的时间来快速完成从自我介绍、进入客户室内、介绍并展示产品到

成功拿下订单这一系列活动，然后又迅速转移到下一家继续兜售。他们可以忍受自己这样挨家挨户翻来覆去地兜售。事实上，为了完成公司分配给自己的销售任务，他们认为自己必须得这样做。这些推销员根本不必担心自己卖给别人的东西是否是劣质商品或是否有别的什么问题，因为过不了几天他们就会离开这里然后前往下一个城镇，重复做同样的事情。

那么，这和社交有什么关系呢？

随着越来越多的人从人烟稀少的农村迁移到人口稠密的城市，导致上述这种"翻来覆去"心态出现的因素在社交场合中又重现了。毕竟，今天我们很多人都身处一些人口稠密的大城市，你甚至可能再也不会见到自己在某个社交场合还曾交流过的那个人。

因此，社交，就像今天大多数人所做的那样，感觉更像是挨家挨户地推销。他们通常从一家走向另一家，专注于尽可能多和快地推销产品；而建立一段有意义、持久的关系只是次要的，如果真的有必要的话。这种标准化方法就是所谓的"交易型社交"。若这种社交方式让人感到不真诚，甚至是低俗无耻，我想这也没什么好惊讶的吧？

值得庆幸的是，有些人拒绝这种虚伪的做法，他们确实希望跟别人真正建立起联系，但是他们却往往采用所谓的"漫无目的型社交"。虽然他们可能来自一个切切实实固定存在的地方，但所采用的这种非系统化方法并不比交易型社交有效到哪里去。这种方法仍然导致双方不得不耗费大量时间去闲聊，维持着一些表面上的联系，但最终却很少会取得什么实质性效果。

难怪内向的人会如此讨厌这种社交方式，我也不例外！这与我们所想的方式完全相反。如果说，我必须得参加那种交易型的社交活动，恐怕最终我连自己都无法忍受。如果我是一个漫无目的型社交者，我很快就会意识到这完全是浪费时间，就干脆停止一切社交活动。

那么，我们如何才能与外向者进行竞争呢？外向者似乎都有着天生的魅力，能说会道，而且还可以毫不费力就与别人建立起联系。我们怎样才能在保持真实感的同时，成功地与别人建立起人际关系呢？

我在此跟大家分享一个好消息。内向者如果能够认识到以下两个事实，那么离超越外向者也就不远了：

（1）内向者的成功之路大多和外向者的不同。因为每个人本来就生而不同，我们得接受这一点。

（2）传统社交方式并不适合于内向者。需要一个更巧妙的方法来充分利用我们内向者与生俱来的优势。

对于内向者来说，有效的社交根本不像传统的社交那样。事实上，我从中学到、经历到并领悟到的是，内向者在如何有效建立人际关系方面有一种与生俱来的优势——真正的社交并不是玩数字游戏，和尽可能多的人交谈，而是要有策略、有准备，还要有实践，并且清楚如何与社交场合里哪些合适的人建立起更深层的关系。

换句话说，就是要靠一种不同以往的技巧。

其实这一方法提出得也很及时，因为旧有的社交方式当下正在迅速过时。人们仅通过口袋里的一部手机，就可以了解到有关你的一切信息，阅读你所售产品的相关评论，查看你的个人背景，了解你的工作经历，有时甚至可以查看你上周末做了些什么。我们似乎又回到了那个每个人都相互认识的时代，或者至少生活在一个人们可以迅速获得其想要了解的一切动态的世界里。以前，每次交易结束后销售员就可以瞬间销声匿迹，而现在，几乎是不可能的了。无论是个人自愿还是出于社会需求，信息透明化日益成为一种规范，无论对个人和雇主而言，都是如此。真诚和内在美德似乎又重新崛起。

请不要再去模仿外向者了

我并非想教你如何像一个外向者那样去社交，而是想指导你如何去回避那种自我毁灭的行为。我发现了一种可以利用我们自身的内向性格优势来社交的方法。它让我们在每场社交活动结束后，都能感觉到自己建立起了强大的人脉，向别人展示了最佳的自己，并始终保持着真实的"自我"。

稍后我们将会进一步讨论。不过在此之前，请你先做好心理准备，因为我接下来要向你分享的内容将需要你投入几小时甚至到几天的时间来计划、准备和练习。不过，我很了解这样的内向者，我们都愿意付出努力以获得持续成功的结果，尤其是当另一种选择可能会浪费更多的时间和精力而几乎不会有什么结果的时候。

我们前面所讨论的两种社交方式不仅有误，而且有害。交易型社交纯粹是一次性交易。我相信你不会认为自己是一个自私的人吧，但这种社交方式本质上是以自我为中心的。这就像闪电约会——快速地约聊尽可能多的人，直到找到一个肯给你机会的人。换言之，你想尽快约聊完所有你能接触到的陌生人，直到找到一个可以帮助你获得想要的东西的人。更糟的是，你所约聊的每一个人都知道你心中所想！当然，你也可能会拿下几单销售或是获得一些机会，但想想上次有人这样对你的时候，你不也觉得这很肤浅、虚伪吗？反正这绝对不是我想留给别人的感受，也绝对不是获得更高收入和建立互助式人际关系的有效途径。

另一方面，漫无目的型社交者通常自我感觉良好，他们也的确跟别人进行了一些友好的交谈，但不幸的是，最终都没有什么结果。可能他们也的确结识了一些人，但所建立的人际圈几乎都没有什么动力去帮助他们实现目标。他们通常在社交中游移不定，希望自己的努力能为自身带来一些好处。这就像往老虎机里投硬币，总幻想有一天能中大奖。

不过，还有第三种社交方式，即"策略型社交"。这是一种更智慧、更有效的社交方式，让内向者可以掌握全局。我们要有策略地进行社交，这样就能与那些欣赏自己工作的人以及

愿意帮助自己更快实现目标的人建立起联系。这是你摆脱那种周而复始、恶性循环式无效社交的"仓鼠滚轮"的绝佳方法。

调整社交对话中的平衡关系

我远渡重洋来到了美国得克萨斯州奥斯汀市，在这里，我发现了这种策略型社交方式。除了布里塔妮（我现在的妻子），在这里我一个人都不认识。以前在澳大利亚的时候，我还享受着自己的那个不大不小的人际圈，它是我花了几乎大半辈子的时间才勉强培养出来的。而来到这所新的城市生活，我又不得不彻底从头开始去建立新的人际圈。

于是，我开始了一段探索之旅，想让社交变得简单、有趣而有效。更重要的是，我渐渐发现了一种系统化的社交方式，可以利用我自身内向的性格优势来有效社交，这不仅可以感觉到真实的自己，还可以让我比外向者更有优势。在这个过程中，我也悟到了一些深刻的道理：人际交往就像销售，它是一种任何人在任何地方都可以学习和提升的系统化方法。更可喜的是，如果把它掌握得好，你还可以调整社交对话中的平衡关系。这样，可以激发对方主动来问你一些问题，因为这是对方真正感兴趣才问的，而不是感觉你在强迫别人做一些他们不愿意做的事情或者强加给别人一些他们根本不需要的东西。

渐渐地发现，自己的社交方式由推转变到了拉，这对我自此的生活影响深远。

有了正确的方法和流程，我其实根本就不需要非得表现得多么风趣、有竞争力或合群了。归根结底，90%的成功社交案例都是在室外发生的（至少我是这么做的）。我更看重策略和准备工作，而不单单是努力展现自己的外在魅力和活力。

我的这套方法可以确保内向者很容易就比其外向对手更有优势（如果他们愿意做准备工作的话）。天生外向者可以在走进一个社交场合时就开始即兴发挥。不过这常常被视为一种交易式社交，他们通常不愿意投入我的那套系统化社交方法中所要求的时间和精力。毕竟，他们已经靠此单枪匹马走了这么远，为什么还要劳神去修补一些自身认为并没有问题的领域呢？另一方面，内向者喜欢在走进社交场合之前就为成功做好充分的准备。从长远来看，我的内向型客户远胜于他们的外向型同行，因为他们坚持可以发挥自己的天赋（如积极倾听和同理心）的社交过程。

接下来要学习的东西需要你付出努力，但如果你真的付出了，它可以在几周内改变你的生活，而不是像有些书籍或专家所说的几个月或几年的时间。在我的第一本书中，谈到了自己是如何通过观看油管（YouTube）视频，以及每天工作结束后还在家勤练八小时，学会了将我的销售过程系统化。我和大家分享了自己如何从没有任何销售业绩（当时我是真的很害怕）到在短短六周内就成了全国金牌销售的这一艰辛

过程。说实话，我并不希望任何人像我一样，也去经历一遍如此艰辛的六周磨砺，因为确实确实很辛苦。尽管如此，我还是把后半辈子的时间都奉献在了给别人做这种培训上。你会发现，本书所述方法并不需要任何等同于这种强度之处，但是其理念是相同的：投入努力—系统化过程—收获回报。

人们通常很难停下来，花上几天时间来制定策略或做准备工作。他们要么是急于获得立竿见影的效果，要么是觉得无论自己参加多么痛苦的社交活动都相当于在向成功迈进。他们相信忙碌会使自己取得成功，他们需要做的就是足够努力，想要的结果就会自动呈现。

上述这种做法可能在短期内会奏效，但最终会让你筋疲力尽。相反，如果你每天只花较短的时间用以学习策略和做准备工作，几天之后你会发现自己可能已经取得了突飞猛进的效果。

本书的内容会涉及几乎所有你们能想象到的情况，包括那些即将一无所有的人、那些认为自己容颜不再的人或感觉自身资历不足的人、自称"毫无魅力"的人，以及那些认为自己有社交困难的人遇到的各类情况。你将会在本书中读到一些职场从业人士或企业主的相关故事，从市场营销、咨询行业从业人士到价值数百万美元公司和企业级组织的企业主。这种系统化方法已经经过了很多人尝试和验证，它的确很奏效。

不过，别只听信我个人的一面之词。我们来看看夏琳·韦斯特盖特的案例，相信你自己就会有所判断。

案例

社交永远为时不晚

夏琳·韦斯特盖特在美国中西部做了大半辈子的园艺工作，后来搬到了亚利桑那州，她发现自己面临一个新的挑战：如何让沙漠中也可以开出花来？通过自己反复试验、与当地人交谈，再加上不懈地钻研，夏琳发现了一些真相：第一，她不能将自己的意愿强加于花园之上。她发现这里属干旱炎热气候，必须学会适应这种自然现象，而不是想方设法对抗它；第二，她发现克服这个挑战很有成就感。于是，她自学了如何在亚利桑那州的炎热气候中打造一片欣欣向荣的花园。

当和别人讲述她的理想和热情时，发现很多人都想听听她所学到的东西。夏琳渐渐意识到了自己的与众不同之处，然后就毅然辞去了自己的全职工作，创办了现在的韦斯特盖特花园设计公司。

但是九个月后，人们才发现她并没有彻底抛下原来全职工作的收入来源。事实上，她那时只能靠微薄的收入苦苦撑着。这样的窘迫处境给她的家庭带来了很大压力，她渐渐变得绝望了。当参加社交活动时，发现人们并没有真正理解她所做事情的价值。她向人们讲述了她是如何帮助别人在亚利桑那州干旱的沙漠中打造了一片美丽的花园，

并且这些景观仍在蓬勃生长。当对方听到"花园"和"景观"这两个词时，就会问："这么说，你是一名园林设计师，对吗？"然后夏琳就会习惯性地回答道："不是，我没有达到要求的学位。"对方听后感到有些困惑，于是回应道："好吧，如果你不是园林设计师，那么你应该是做园林绿化工作的，对吗？"鉴于她年事已高，对方觉得她显然不再适合干那些累人的体力活了。因为她不符合这样或那样的条件，所以对方无法说服自己为何要雇用她。

最终，她的情况变得越来越糟，用夏琳自己的话来说，"那会儿，我甚至到了这样的地步——我愿意接受任何人的钱，帮他们做什么事都行，只要能维持生计。我当时连最低工资都没有赚到"。

她告诉我："参加社交活动太痛苦了。"但是她不知道还有什么办法能吸引到自己需要的客户，所以她还得继续努力。一次次的社交活动下来，让她觉得自己越来越被人看扁，越来越被人轻视，别人根本看不到她的价值。屡战屡败后，她感到越来越沮丧，自信心彻底受到了打击。我遇到夏琳的时候，她几乎做了许多内向型专业人士在过去都曾做过的一件事：说服自己，她没有具备在事业上取得成功的"必要条件"。她当时几乎快到了放弃自己的事业、彻底关掉公司的地步了。

我帮助夏琳认识到了她自身的问题：她没有以一种可

以让自己与众不同并激发对方想进一步了解她的方式来展现出独特的价值，从而让自己成为对方所认同的最佳聘用人选。其实，她没有展现出来的真正关键信息是，没有人能像她那样了解如何来应对亚利桑那州的那种干旱气候。夏琳终于意识到，她做的事情是其他人无法做到的——她找到了一种可以在干旱的沙漠气候里打造出一片美丽的后花园绿洲的方法，能够与大自然赋予人类的干旱地形和谐共生。

不久后，她又回到了社交活动中，准备了精心策划的陈述词、能引起人们情感共鸣的故事和注重差异化的信息（这些你都会在后面的内容里了解到）。当别人问起她是怎么做到的时候，首先会提及她的一些想法，她不愿意看到有些人花了大把的钱打造了漂亮的后花园之后，花园里的花草却因某种恶劣的气候而全部枯萎死掉了。因为通常没有人知道如何应对这种气候，甚至连所谓的专家似乎都对此无解。然后，她又会继续追问人们身边是否有过这样的人——任其后院荒芜一片，什么也不种植，因为他们认为即便是种了，也不会有什么最终能活下来；或者有些人干脆花钱雇一个承包商来帮他们打理花园，结果却同样无一幸存。当然，她也承认，这是一个很常见的问题。接下来，她会分享第一次搬家后，自己在打理花园时有多么艰辛，也同样遇到过很多挑战，以及她是如何学会让所有

一切与大自然和谐共生。然后，特别会提起，她曾经也有过一份全职工作，但后来放弃了这份工作，转而专注于她毕生的使命——帮助人们打造漂亮的后花园，而且每天也乐在其中。最后，她会讲一个事先策划好的故事——她以前的一个同事，曾在打理自己的花园时付出了很多努力和艰辛，但最终取得了惊人的成果。至此，相信即便是那些对自家后院不那么上心的听众也会禁不住去想："天啊，哇，我也想要那样！"她第一次跟我提起这段故事的时候，就知道最终会达到这样的效果，就敢肯定我预料到了！

之前，每次在社交场合里，她总会听到人们对景观设计师和园艺承包商这类职业的价值给予各种质疑和轻视，而这一次，这些问题甚至根本就没有出现过。价格似乎也变得不那么重要了。不久，她发现自己开始被人邀请在各种活动上发言，生意也渐渐兴隆起来。

起初，夏琳只是希望做自己喜欢的事情，赚一份体面的收入，然后就可以给丈夫一个惊喜——带着家人去阿拉莫度假。而如今，她的收入已经远远超出了之前的预期，还赢得了两项著名的年度最佳小企业奖，并收到了当地电视台的采访邀请。所有这一切，就发生在她计划彻底关闭这家公司的短短12个月后。

这都是因为她找到了一种有效、真诚的社交方式。

用夏琳在我们最近的一次采访中所说的话来说，"我的故事就证明了，如果我们想追求自己的理想事业，什么年纪都不晚"。

"好吧，马修，"或许你会说，"祝贺她！你喜欢小企业，你也确实帮助了一家小企业。太好了！但我有一份全职工作，而且我又不是什么企业主。这跟我有什么关系呢？"

试想一下，如果夏琳是一家景观美化公司的员工，那情况又会怎样呢？她本可以轻松运用同样的社交方法来帮助她的公司招揽新客户。你不觉得老板会对她很满意，然后就会考虑给她加薪吗？

或者说，如果夏琳不是直接面向客户呢？如果她想在公司内部树立专攻如何在亚利桑那州高温气候下打造后院花园这样的声誉呢？你认为她会被提拔或者被委托打理那些知名客户的后院吗？你认为还会过多久，其他公司就会来找她咨询，甚至想把她挖走？

不过现在我们不需要猜测夏琳身上会发生什么了。我们可以看看贾斯汀·麦卡洛的案例。

 案例

独特视角的杰出人才

我初次见到贾斯汀·麦卡洛时，他还是美国第一资

本金融公司（Capital One）电子商务和国内小企业部副总裁。他几乎毕生都在一家公司任职，工作兢兢业业，但有一单生意出了意外，让他自此负债累累。事实上，不久前他终于还清了那笔债务。在美国第一资本金融公司任职时，他专攻制订以客户为中心的营销方案，专门向小企业销售，就像他在过去所有的岗位中所做的那样。他很乐于在工作中帮助小企业。可问题在于，他并不喜欢在这种大型企业集团里工作，这份工作已经让自己半年多来都没有时间陪伴家人，他实在无法忍受了，甚至感觉这种烦琐的日常工作也没有什么挑战性。他渴望能为更多的企业带来更大的影响；另外，他也下决心要多花些时间来陪伴家人，亲眼看着自己的两个儿子健健康康长大。于是，他考虑重新创业，去开办自己的咨询公司。

同那些向我寻求帮助的聪颖人士一样，贾斯汀最大的问题并不在于能力，而是不会简明扼要地向他人阐述自己的个人价值。简单来讲，贾斯汀能想到的最好的办法就是通过提供以客户为中心的体验，来帮助他人赢得客户并提高客户忠诚度。首先，我要指出，对于一般的企业主来说，"以客户为中心的体验"听起来像是一笔不小的成本，而不是一种快速增长客户群的有效方式。这种空话可能会引起某一些人的兴趣，但在社交场合里根本没人会听进去。此外，这也反映了大多数人都会陷入困境的地方，而非贾斯汀所能提供的真正价值。相反，我建议他把自己想要传达的信息关键词放在业务增长高、速度猛、见效快等概念上。然后，他可以进一步精练这些信息，向人们提供以客户为中心的解决方案，成为这种业务增长的策略师或推手。

接下来，我帮他从过去的工作经历和自己开办的小公司中找到了三个故事，用来在社交活动中阐述他所提供服务的价值。身为一个内向者，有了这些，以及建立人脉的精密计划（我们会在接下来的章节中分享），他已经为成功建立人脉做好了充分准备。

但贾斯汀还没来得及把他所有的努力付诸行动，悲剧就发生了——当时飓风"哈维"侵袭了他的家乡得克萨斯州奥兰治市，由此引发了严重的洪灾，摧毁了10多万所房屋居所。贾斯汀和他的家人仍清楚地记得，他们当时如何蹚过齐腰深的洪水，爬上一辆巨大的帆布背卡车的后车厢，然后被国民警卫队救起，送到了当地教堂的避难所。

他们失去了一切。虽然他也有保险，但那只是杯水车薪，还没有算上那几个月仅仅清理残局所花掉的那些费用，这几乎耗尽了他的整个创业启动资金和个人积蓄。

他不想在家人忙着收拾残局的时候还惦记着如何在灾区里创业，这也可以理解。家人需要的是稳定的生活，这需要时间来恢复，他们需要一个新的城市来重新开始。他

21

决定暂时搁置自己的梦想，离开家人，前往奥斯汀，尽自己一切努力尽快找到一份可靠的工作。只要这样，也许很快就能和家人团聚了。

没有人能责怪贾斯汀当时为何会陷入恐慌，要细数的话原因实在太多了：失去所有财产的压力、未来的不确定性、养家的压力、花光的积蓄、远离家人的孤独生活、找到工作前对前途的迷茫。当然，也没有人会指责贾斯汀当时就为了找到一份工作而采用了"广撒网"的方法。他几乎给每一个招聘公司都打过电话，参加了每一场社交活动，遇到每个人都会跟人家讲他目前正在找工作。但他当时所展现出来的那种急切找工作的样子，就像是把自己放进了一个滞销待售的商品陈列架上任人挑选，而自己好像成了另一种自我推销式的"营销人员"。在有些社交活动中，潜在的雇主会询问他的背景，这不免就勾起了他对往事的回忆，于是就开始滔滔不绝地跟人讲起飓风"哈维"如何肆虐了他的家乡，他又是如何失去了一切。尽管人们也真心同情他的处境，但没有人真正愿意雇用一个只是因自身彻底绝望而别无选择才跑来向其乞求一份工作的可怜虫。

接下来又过了几个星期，我打电话询问他的情况。他向我说起，他现在正为无法找到一份体面的工作而发愁。我问他："贾斯汀，你找工作时是怎么跟对方聊的？"然后，听完他讲述找工作的经历后我发现，他对那些自己本应传递给别人的信息、自己的理想热情以及那些原本有很强说服力的故事只字未提。他说自己认为，这对找工作根本没什么用。

我说："那么，你觉得你今天做的事对你有什么用呢？你说那些对找工作没什么用，其实并不对。贾斯汀，该看清你自己了。你渴望通过以客户为中心的体验来帮助企业实现业务增长，你应该把这个写进自己的简历。你还告诉过我，渴望为更多的企业带来价值。许多大型企业实际上是由多家中型企业合并而来的，这一点你应该清楚吧？为什么不在你的简历中加上这样一句话呢——'对于想要实现跨多个业务领域发展而需要这方面帮助的企业，我是理想人选'？

"接下来，我想让你明白，为获得一份工作而拓展人脉与为获得新客户而拓展人脉其实是同一个道理。你仍然需要努力让自己与众不同，与人建立长期的关系。唯一的区别是，对于找工作而言，你这样做是为了获得一个长期的'客户'，而不是好几个。因此，你在社交过程中以及在面试过程中，一定要让别人了解到自己的与众不同之处，并引入你的故事来展现自己这方面深厚的知识以及自己将带来的价值。"

对于任何一个没有经历过这一艰辛过程的人来说，招聘一位高管可不是一件小事。事实上，这可能是一家公司

做的风险最大的事情之一。但在贾斯汀重新认识到自己的与众不同之处后，他以一个有趣的局外人的身份去参加每次的社交活动和招聘会，最终获得了三份极有前途的大公司的工作机会邀请，而不是像以前那样只会勾选招聘启事的需求信息栏。其中有一份来自Facility Solutions Group，这是一家价值近10亿美元的商业照明、电气和能源产品及服务集团公司，旗下拥有多个中小型业务部门及子公司。在面试过程中，贾斯汀分享了自己的故事以及渴望通过以客户为中心的体验来帮助公司实现跨多个业务部门的迅速发展。最后，面试官说："你知道吗，贾斯汀，我认为以你的资历已经完全可以胜任这个职位了，但是伙计，我刚刚得知消息，我们首席执行官很想见见你，亲耳听听你的想法。能否劳驾明天再来一趟，和他面谈一个小时呢？"

接下来，与这位首席执行官原定的一小时会议，却整整持续了五个小时。之后，他们又另外面谈了两天，讨论了不同的合作方式，以充分发挥贾斯汀的技能和热情。最后，他们为贾斯汀专门设立了一个全新的职位——首席创新与产品官，比他之前面试的原定职位整整高出了两个级别，薪水也比他之前申请的职位多出了六位数。更妙的是，这个岗位可以让他常驻奥斯汀，而不需要他像以前在美国第一资本金融公司时那样无休止地出差了。

如果贾斯汀没有什么与众不同之处，也没有什么理想热情和引人共鸣的故事呢？事实上，他是一个十分聪慧的人，满腹才华，他本可以靠自身的实力就能立足的。但他能顺利找到自己理想的工作吗？或许不会吧。他当时告诉我，比起自己创业，他更喜欢自己现在这份职业，因为他有更多的时间来陪伴家人了。我很喜欢看贾斯汀在社交网站上发布的那些日常生活帖子，很羡慕他下班后或周末跟自己的妻子和孩子们幸福相伴的快乐时光。从中可以看出，自从他们搬到奥斯汀开启了新的生活，一家人都感到很幸福。这就是成为局外人并且清楚地知道如何来给予支持的力量所在。

有时，我听说人们为了获得一份体面的上流工作，竟把自己包装得十分大众商品化，对此，我总是感到很诧异。对于这些高层级别岗位，公司领导人通常希望聘任一位能够为工作带来独特视角的杰出人才。然而，大多数求职者都以同样的方式展示自己，然后还纳闷为什么自己没有获得这份工作。这就是无论是在社交场合内还是在社交场合外，知道如何清楚地表达自己的独特之处是如此重要的原因。

即使是一个入门级的基层岗位，谁会不想聘用和提拔一个真正了解自己独特之处的人呢？相比那些只是走马观花或骑驴找马的人，谁又会不想聘用和提拔一个能思路清晰地陈述自己的人？如果自己被一家对的公司聘用，对这家公司会有什么好处，或者自己会为这家公司带来什么价值？这些都是雇主们最关注的。相信雇主一定更愿意和一

个充满激情、认真专注的人共事吧。

贾斯汀最终之所以找到了一份理想的工作，是因为他敢于做真实的自己，敢于以这种真诚的方式去社交、建立人际关系，因为他能清楚地向别人传达出自己的价值，而且他也愿意相信，自己种下的这一努力付出的种子最终定能开出花来。

 案例

脱掉你的连帽衫来社交

我希望你很期待彻底改变你的社交方式，并且准备好像夏琳、贾斯汀还有其他许多人那样改变你的事业或职业困境。在我们开始之前，我先来向大家分享一下本章的最后一个故事：为何我会写本书，以及为何它如此贴近我心。

有一天，一个粉丝主动来跟我分享，我曾帮助过他的儿子乔尔·特纳在学校交上了朋友。乔尔一直对商业书籍很感兴趣，碰巧在家里的咖啡桌上读到了我的第一本书《内向者的优势：安静害羞的人如何脱颖而出》。读完后，他就确定：如果促成销售的对话都可以系统化，那么结交朋友的对话也可以系统化。作为乔尔的爸爸，他还告诉我，乔尔甚至在学校里走路的时候手里还拿着我的书，自学如何交朋友。

我被这个故事深深吸引了，同时也感到十分欣慰。于是，我决定亲自跟乔尔聊聊。

他告诉我，他过去常常把头藏在连帽衫下面，讨厌跟人有眼神交流，但他非常需要朋友。因此，他感到十分孤独，甚至被人排挤。于是，他就使用了我书中所述的方法，然后他发现，自己渐渐和那些在学校很受欢迎的同学有了交流。他渐渐觉得自己可以掌控整个对话节奏了。于是，他开始结交朋友，参加更多的社交活动。现在竟然还有女孩主动找他搭讪！直到今天，他算是彻底脱掉了连帽衫（毋庸置疑，他爸爸此时肯定为他感到骄傲）。

之前，乔尔生性孤僻，甚至害怕跟同学有任何眼神交流，而现在变得乐观自信，对校园生活充满期待。这是多大的变化啊！这一切都是因为他认识到，结交新朋友和建立人际关系可能只是需要一个系统化的方法而已。

内向者的优势之社交方式

那么，我们如何才能从一个在人际关系中感到尴尬、不自在的社交新手，变成像夏琳、贾斯汀甚至乔尔这样的社交

高手呢？答案就在于三个P：计划（Plan）、准备（Preparation）和实践（Practice）。

我们将在第二章向大家介绍如何引导你自身的超能力——你的热情，然后带领大家一同进入这一社交过程。从本质上讲，我们会把根植在你内心深处的那种使命感与职场社交目标联系起来。虽然这听起来好像让你难以置信，但这会真正让你获得无穷的能量，使你想要去社交。在写这篇文章前不久，我无意间浏览到夏琳在脸书上发的一个帖子，她说自己现在对参加社交活动无比期待。你难道不想有那种感觉吗？！

第三章是关于目标客户群定位的。乍一看，这一主题出现在一本社交书籍中似乎有些突兀。毕竟，这本书是关于如何与人建立联系，而不是做目标客户群分析，对吧？但是，就像贾斯汀一样，你得接受这样一个事实：所谓成功的社交并不是非得想方设法让每个人都去欣赏你、认同你，其实你只需要成为少数人群的最佳人选即可。

第四章是关于利用讲故事的魔力。在本章中，我将分享相比摆事实，为何讲故事能更好地成为沟通的有力工具，以及为何讲故事是建立融洽关系的有力工具。这些并非典型的商业案例研究，你会从中学到如何创造引起人们情感共鸣的故事以清晰表达出自己的价值，从而让别人将你定位为最佳人选。

在第五章，我向大家展示了如何找到真正的秘诀，立即唤起对方的兴趣，从而使自己与众不同，并彻底改变社交对话中的平衡关系。这样，你就再也不会觉得自己是在向对方强行推销什么东西了。他们反而会问更多的细节，因为对方对你所讲的话题真正产生了兴趣。这就是我的社交宝典中最珍贵的部分，也是我和许多客户社交之旅的转折点。

在第六章，我会向大家介绍除了潜在的雇主或潜在的客户之外，还有另外两类更重要的人，你可能想与之建立联系。我还将向大家展示发现的一个简单技巧，可以用来在走进社交场合之前去识别社交场合里的参与者并将其分类，甚至可以用来和参与者进行交谈。当我们将社交从最开始的一次次简单认识过渡到每一次都事先计划好的交谈的时候，我们就会感受到之前那种令你紧张恐惧的社交压力渐渐消散。

在第七章，我会告诉你进入社交场合后该说什么。我会在此章教你如何计划你的对话内容，以便让对话朝着你想要的方向发展。然后，我会向你呈现你与第六章中提到的三种不同类型的人交谈时期望得到的三种不同结果，以便轻松自如地应对，从而吸引对方想要进一步了解的兴趣，并为对方提供一种便捷的途径以获得所需。

在第八章，我们将讨论你离开社交场合后该去做什么。社交活动结束后，你将不再只是停留在把自己方才收到的一沓沓名片摆放在办公桌上，认为这样社交活动就算是结束了；反之，你需要把它们变成一条条潜在客户线索、一单单交易或是你打开业务口的一个个渠道。这样，你就再也不用去苦思冥想该怎么办了，你也不再会有尴尬的回电了。我将教会你如何让你的理想潜在客户追随你，甚至离不开你。

　　第九章讲述了你要为整个社交过程树立正确的心态——我将其视为一个需要不断改进的系统化方法，而非那种一劳永逸的一次性方法。我把它比作福特公司这样的生产流水线。事实上，亨利·福特的才华也是在实践中不断提高的。这也是你社交成功的关键点——不断去改进、完善这一社交过程。

　　在最后一章，我将向大家展示优化本地人脉圈将如何有助于建立全球人脉圈。这一切都得益于技术、心理学和战略等工具的运用。

　　本书的主要目的是帮助大家掌握游刃有余地驾驭社交场合的技能。从此你不必再回到以往那种令人尴尬的社交场面（除非你刻意为之）。本书将为大家讲述在实际社交活动中践行我书中所述的这套社交方法所需的一切要素。有了本书，没有什么可以阻挡你成为你注定要成为的策略型社交高手。

　　现在，我们一起来探索内向者社交优势的第一个要素：挖掘内心深处的热情，设想你的使命——一个可以驱动一切的目标。

第二章

发挥你的超能力

优秀的人都有一个共同点：
绝对的使命感。

——金克拉（Zig Ziglar）

2014年，我有幸度过了在美国的第一个感恩节。丰盛的火鸡、可口的红薯砂锅菜和南瓜派——还有什么不满意的呢？唯一的问题是，我第二天一大早就得连续接受两家电视台的采访。所以，感恩节就变成了感恩夜，我这样宽慰自己。布里塔妮的家人和我们已经好久没见面了，所以那夜他们熬到很晚，玩得也很开心，这也是我们希望的，但就是有点儿太吵了。我断断续续睡了四个小时，其实也没怎么睡踏实，然后就起床前往第一家电视演播室接受采访。这一家刚一结束，我就冲向了第二家。

现在回想起来，觉得这一切很可笑——我还专门安排了一整天对以前的老客户的连续访谈节目。所以，做完最后一家电视台采访后，我立马开车赶往客户访谈节目的拍摄现场。如果那些访谈都是些日常基本的对话内容，或许我可以直接打电话跟他们交流。但那些访谈活动都是在明晃晃的聚光灯下以及整个视频团队面前进行，具体来说，我还要对以前的老客户（像惠特尼·科尔、吉姆·科默以及本书后文中我还会提到的许多其他成功案例人物）进行深入的案例研究。

重要的是，我得提出合适的问题，让他们始终不偏离主题，并确保每次采访都进展顺利、沟通流畅并且富有启发性。要想做好这件事，关键在于，我得始终集中精力。这并

不是一件小事，即便没轮到我发言，我也不能丝毫分神；在
这样的拍摄环境中，幕后总有无数会让人分心的东西。有一
次，一个摄影师甚至在我的眼前做起了瑜伽。

一番折腾之后，我本该感到筋疲力尽，但我不得不一直
推着摄制组的工作往前进展，因为整个团队几乎都是很多天
断断续续睡眠不到四个小时，但还得坚守岗位。拍摄任务结
束时，可以看到每个人都迫不及待地收拾行李，赶着回家，
而我则依然精力充沛，享受着我生命中最美好的时光。我的
满身精力从何而来？当我身边的人都迫不及待地赶着收工的
时候，为何我还那么兴奋？

简而言之，是我内心的激情使然。我热衷于帮助内向型
的小企业主摆脱每天都在努力寻找感兴趣的潜在客户的"仓
鼠滚轮"，让他们变得与众不同，从而完成销售；同时，还要
帮助他们跟行业中一些更成熟的企业竞争那些原先似乎只关
心价格的潜在客户。我的使命是帮助他们，让他们明白如果
自己能够关注职业技能领域之外的一些事情，那他们就真的
可以在自己热爱的事业上快速成长了。

清晨的电视采访为我提供了一种途径，让我可以进一步
完成这一使命。尽管我身体上已经筋疲力尽了，不过在开播
前，我觉得自己依然精神饱满，准备蓄势待发。对于那一整
大的客户访谈，我知道这些视频将为正在苦苦挣扎的小企业
主提供巨大的价值。我也相信很多人会在这些客户案例中看
到自己的影子，从而相信自己有朝一日也可以成功。我内心

的激情一直在驱使着我，也正是由于这个因素，在本应感到筋疲力尽的一天，我却依然精力充沛。

虽然这并不是一个社交案例故事，但它说明了我如何发挥了自身的超能力。在参加社交活动之前，我会先唤醒自己的激情和使命，然后听到心中砰的一声，我就知道自己已经准备好进入社交活动现场了。法国元帅费迪南德·福煦（Ferdinand Foch）说过："地球上最强大的武器是燃烧着的人类灵魂。"你能想象到社交对你来说是这样的感觉吗？你能想象到在分享自己的影响力时如此兴奋，以至拥有激情澎湃的那种感觉吗？你能想象到做一个如此热衷于自己工作的人，以至连完全陌生的人对你讲的每句话都很关注的那种感觉吗？你能想象到自己的话很有感染力，以至让人瞬间充满信心吗？

当你学会我的这套社交方法后，社交对你来说就会是一种体验，你会感觉自己拥有无限的精力、专注力和魅力。你会感觉自己在社交场合的时间过得飞快，就好像你突然间发现了一种一直潜伏于自己体内的超能力。当你回到家的时候，虽然身体上会感到筋疲力尽，但内心则会感到无比得意。这就是为何你要调整你的社交目标，使之与你是谁以及你想服务的人真正联系起来。套用美国企业家托马斯·约翰·沃森（Thomas J. Watson）的话来说，要想成功，你必须全身心投入工作，时刻惦念着工作。当谈论自己真正关心的事情时，你会情不自禁地满腹激情，心中无比激动。

可悲的是，很少有人能体会到这种激情，或者明白这能给他们带来何种成功。并不是因为他们心中没有激情。每个人内心中都会有一件自己热衷的事情。只不过他们从来没有花时间去发现，并把这种激情引导到自己的工作当中。

一旦我们找到你的激情所在——那种驱动你的"超能力"，我们就可以将其引导到你的社交当中。这样，你就不会再害怕社交了，你反而会爱上它！我并不是说你从此以后就不会再感到疲惫了。不过，这会是一种很美妙的疲惫感，就像是在迪斯尼乐园玩了一整天过山车之后的那种感觉。我现在就是这样的体会。作为一个内向者，参加社交活动会让我疲惫不堪，但一想到能够用自己的激情和使命去激励、感染他人，我就感到无比激动，我之前甚至都没有注意到这种魔力。我现在也有过很多次那样的经历，多亏了自己的那套系统化的社交方法，我对所有的跌宕起伏已心知肚明，所以也没什么会让我吃惊的了。我可以坐下来好好享受了。

做你所爱，爱你所做

我喜欢把策略型社交想象成把火箭飞船送入轨道。你的火箭飞船的每一个元件都构成了你更强大的社交方法的一部分。以此类推，如果你的社交方法是火箭，那么你的激情无疑就是燃料。

这就是我为什么会说要去发现你真正热爱、感兴趣的东

西，并将其与你目前正在做的或想要做的事情相结合很重要。如果没有激情，虽然你仍然能够展现出最真实的自己，仍然有可能让你的业绩一路飙升，但在社交场合里你总会感到无法融入其中。因此，你将会失去真正进入轨道所需的爆发力。

这一点，我以前就吸取过惨痛的教训。尽管我很早就取得了成就，在30岁前就已经有了5个百万美元业务的成功案例，但许多人不知道的是，这些成功并没有让我内心真正感到开心。

我依然清楚地记得自己被授予"墨尔本青年成就奖"的那一日。那天，我本应该感到开心的。毕竟，我还只是个孩子。由于我有先天阅读障碍，有人曾多次告诉我，我永远不会有任何成就。而当时，我因为创立了澳大利亚最大的企业对企业移动电话独立经纪公司，从而获得了一项著名的奖项。但那天晚上，我回到家后，走进自己的270度奢华城景套房，内心只是感觉糟透了。

我花了数年时间强迫自己做事，强迫自己成功。当然，我也赚了不少钱，但这一切都是为了什么？我内心极其困惑不解，也感到极度不开心。多年来我一直在说，自己可以在任何领域帮助别人实现快速增长。但没有什么比在一个令自己讨厌的行业里，帮助自己都无法忍受的客户去实现快速增长更糟糕的事情了。职场亦是如此。有谁会愿意把一天的大半时间都花在一份自己不喜欢的工作上或与一个自己无法忍受的老板共事呢？

如果你讨厌自己的工作，那再多的社交策略、再多的方法指点也无法抹掉这样一个事实：你根本不想做自己正在做的工作，也不想朝着自己并不真正渴望的目标努力，更不想结识那些你并不真正在乎的人。成功的社交关键在于，去发掘什么能激发你的兴趣点，然后把它与你目前正在做或想要做的事情关联起来。如果你做到这些，也就是说如果你以自己热衷的事情为出发点来进行社交，那么你已经遥遥领先于自己的竞争对手了。

所以，很多人认为，他们无法既拥有蛋糕（追求自己的理想），又能吃到蛋糕（靠理想谋生来过上好日子）。许多人都讨厌把自己白天大半的时间花在工作上，就为了换取周末那片刻之欢，或者在工作之外寻找乐趣。在本章中，我们要帮你剥开自己内心的层层面纱，找到可以燃烧你内心激情的火种。

最让我惊讶的是，对许多人来说，他们的激情实际上与一直在做的事情是有关联的，他们只是从来没有花时间把这些点连接起来。

下面，我来讲述一下尼克·詹森是如何找到他的内心之火的。

 案例

骑牛的保险推销员

尼克·詹森曾是一名骑牛士，后来做了保险推销员（这可不是我编造出来的）。

　　我第一次见到他时，他并没有把自己的激情和日常工作关联起来。我对尼克说："我们内向者不能一参加社交活动，就开口说自己是卖保险的。因为保险推销员不仅被视为人们生活中无孔不入的'狗皮膏药'，而且还被冠上了过于直接和咄咄逼人的坏名声。所以，如果你这样做自我介绍，对方会直接被你吓跑的。外向者会玩那种数字交易游戏，但我们内向者不会。相反，你需要用你的激情和使命来吸引对方。"

　　尼克是一个沉默寡言但逻辑思维很强的人，和大多数内向者一样，他不太喜欢对别人说心里话。也就是说，我发现很多内向者虽然可能很难清楚地表达出自己内心的感受，但他们的内心却蕴藏着一条深深的情感之河。

　　于是，我好奇地问道："尼克，你显然是个非常聪明的人。你本可以选择一条其他的人生道路，但你为什么偏偏会选卖保险呢？"

　　他回答道，"嗯……我想我只是想保护别人吧。"

　　"但为什么非要选择卖保险呢？我的意思是说，你也可以用其他的很多方式保护很多人。"

　　尼克回答道："我之所以选择保险行业，是因为我看到很多人虽然赚了很多钱，但从来没有真正停下来思考该如何用它。结果，当出了问题之后，比如他们生病了甚至不幸死亡了，他们的家人最终变得一无所有。"

　　然后，我问他喜欢帮助什么样的人，是不是随便什么样的人他都乐于帮助。他说是的。接着，我又进一步追问他："那对于一个年收入50万美元的人和一个年收入5万美元的人，你都是同等看待的吗？"尼克说，"是的，但年收入50万美元的人可以付给他更多的酬金"。我们还是没能找到尼克的激情所在。

我说："好吧，我们先不要把重点放在收入上。那些每天努力学习以获得理想工作，然后又通过努力工作来晋升到高层职位的人，与那些对自己有足够信心，选择去创业，然后每天忙于创造些什么新事物的人相比，你更想保护哪一种？"

尼克说："我想是后者，企业主吧。"当我问原因时，他解释说："我觉得后者更值得我的帮助。"

我又追问道："为什么？"

他哽咽了一下，回答道："我看着爷爷在自己的农场里日复一日、不知疲倦地辛苦劳作，一步步将它弄得风生水起。后来，他还雇了一些工人，让他们从此可以照顾上自己的家人，还可以为自己的退休生活储蓄养老金。但我爷爷却从来没有优先为自己考虑过退休金，到最后却落得一无所有。他干了大半辈子的农活，最后积劳成疾倒下了，我不得不眼睁睁看着爷爷亲手卖掉自己的农场，搬进镇上的一所小房子里。我仍记得自己亲眼看着这个曾经积极向上、似乎永远精力满满的大男人坐在电视机前日渐形

容枯槁、消沉低落。"

"但是，尼克，"我说，"保险怎么能帮助你爷爷呢？他也没有去世啊。人寿保险真的会起到那么大的作用吗？"

尼克解释说，他后来花了大量时间研究保单，以帮助像他爷爷这样的人。在这个过程中，他发现了一种特殊类型的保单，这种保单可以让现金流高但利润中等的企业利用这些现金杠杆获得高于平均水平的回报。他接着解释说，这种保单可以让企业主将他们的收益转化为真正的财富，同时在他们需要的时候仍然可以方便地获得这些现金。尼克的一番详细讲解，让我大开眼界。简言之，他爷爷原本可以很轻松地带着一大笔财富步入晚年生活的。尼克说："我喜欢帮助这些人利用高现金价值的保单来抵御风险，这样他们最后就不会落得像我爷爷那样的下场了。我永远都不想看到人们陷入那样的困境。"

我问尼克，如果现在让他每天早上醒来就去帮助这些企业主，确保他们永远不会在不愉快的晚年生活中变得消沉然后悲惨逝去，并确保他们的家人永远不会因此而变得一无所有，那会是什么样的感觉？

他回答说："哇，那一定太棒了！"

"现在我再问你一个问题：如果你把自己的激情或自己的使命转述为——帮助企业主们，即全世界忙碌的商人们，确保他们最终过上他们应得的退休生活，这样不就容易得多了吗？如果你对别人讲，你发现了一种特定的产品，让他们能够将高现金流转化为真正的财富，同时确保他们在任何时候需要时仍然都能拿回这些现金，这样解释不就更容易赢得人们的信任了吗？这难道不比你直接说自己是卖保险的要有效得多吗？"我问道。

"当然！"

如今，尼克相比以往不仅要面对更多的潜在客户，而且这些人往往正是他所希望服务的人群。当他在社交场合与别人会面时，对方实际上都很期待能与他交谈。他还赚到了更高的销售佣金，另外，由于他现在的表现非常出色，他可以选择把家庭生活放于首位，再去考虑他的工作时间（他十分肯定地对我讲，现在的工作时间比以前少得多了）。

我们一步步深入挖掘，帮助他找到了内心那种激情的火花，然后将其与尼克已经在做的事关联起来，最终点燃了他的内心之火。如今，他已驾驶着自己的"火箭飞船"，正朝着正确的方向不断前行。而且，他也乐在其中。

 案例

把所有的鸡蛋放在一个篮子里

我常常会遇到一些人，他们并没有抛下自己内心的那

份激情和使命，事实上他们反倒有两份。你可能会认为这些人很幸运——如果激情对成功如此重要，那么他们在经济生活上一定过得幸福而充实。可惜，事实往往并非如此，比如下文吉姆·科默的案例。

20世纪70年代，吉姆在纽约还只是一名不起眼的小演员，他申请了一份为雅芳3000名地区经理撰写销售话术稿的工作。三四年后，他被派去为首席执行官写一篇演讲稿。他告诉我，那本应是一场很棒的演讲，但他觉得首席执行官把它给搞砸了。因此，吉姆决定说服这位高管，并指出他需要指导这位高管在演讲中如何表达，这样做很可能会让他冒着丢掉饭碗的风险。这一成功案例最终使得他在洛杉矶顺利地做了10多年的演讲撰稿人和培训师，并获得了不小的名气。

不幸的是，就在吉姆51岁那年，他的父亲患了严重的中风。不久之后，他的母亲被诊断出患有老年痴呆症。几乎一夜之间，吉姆发现自己变成了父母的监护人，最后被迫放弃自己在洛杉矶的生活，搬回了得克萨斯州。

之后他受到启发，写了一本书以帮助像他自己一样的人，书名为《当角色颠倒：养育父母指南》(*When Roles Reverse: A Guide to Parenting Your Parents*)。这本书当时卖了两万多册，好评如潮。不久后，他重新启动了演讲撰稿和演讲培训业务，还围绕护理演讲方面开展了自己的第二项业务。

但问题是：他不懂得如何利用社交机会。当然，他满腹激情，但是他的燃料被分散在了两只不同的火箭上，朝着两个完全不同的方向前进。我委婉地建议他得在两者之间做出选择，提醒他不可能一方面被视为世界上最好的演讲培训师，另一方面还被视为公认的护理专家。他的社交媒体动态似乎总是充斥着这样的宣传标语"你需要搞定自己的下一次演讲吗？"，然后下面紧接着就是"你有年迈的父母吗？"。这种毫无交集的双向信息让人感到很困惑，就像他在社交场合上费力向对方同时讲述两者一样。

花点儿时间想一下你对最近一次试图与你同时谈论两项不同业务的人有何反应。不管你一开始觉得这个人多么有激情，相信你最后肯定会在交谈结束时怀疑他是否真的对其中任何一项业务全身心投入过。

你可以想象到，吉姆并不想放弃其中任何一个。尽管他当时在经济上已经陷入困境，但演讲撰稿和演讲培训曾是他花了大半辈子积累的宝贵经验，他不想就此放弃。另一方面，他那时也花了很多时间来照顾父母，还花了大量精力写了一本自己喜欢的书。

吉姆在来回奔波之后，最终承认，他内心真正的激情是当一名演讲撰稿人和演讲培训师。如今，他的生意比以往任何时候都好。在他做出这个艰难的决定（放弃另外一

项业务）后不久，他只花了一点点时间全身心投入其中，这让他在短短的几个小时内赚到了2万美元（稍后会有更多的讨论）。他非常喜欢自己现在的工作。这一切都是因为他重新找回了自己内心真正的激情，然后把所有的精力都投入其中。

点燃你的内心之火

要想在策略型社交上取得真正的成功，你不能只关注对方想要什么，或者你想推销什么；必须让对方先关注你。你所做的每件事都必须真实地反映出你个人和作为一个专业人士的真实身份。这就是让你开始喜欢上社交的唯一方法。不过，正如自诩为内向者的西蒙·斯涅克（Simon Sinek）在他的《从"为什么"开始》（*Start with Why*）一书中所述，你首先需要了解自己为什么对走出去拓展人脉这件事这么在意。毕竟，如果你自己都不在意，别人为什么要在意呢？

花点儿时间去YouTube上搜一下"埃隆·马斯克成功发射猎鹰重型火箭（Elon Musk Falcon Heavy Launch）"的视频。你可以观察一下埃隆的反应，他的面部似乎洋溢着某种纯粹的喜悦感。他对自己在太空探索技术公司（SpaceX）正从事的工作深信不疑。他清楚自己的使命：把人类送上火星。他也清楚其中的原因：这是走向太空移民的第一步。同时，他毫不掩饰其背后的原因：如果发生全球性灾难，可以带回人类文明的种子（提醒你一下，马斯克也是个内向者。）

差不多半个世纪前，美国前总统约翰·肯尼迪（John F. Kennedy）把人类送上月球的使命和激情唤起了整个美国乃至全世界的想象力。美国国家航空航天局（NASA）的任务当时取代了其他一切［顺便提醒你一下，肯尼迪也是一个内向者，托马斯·杰斐逊（Thomas Jefferson）、亚伯拉罕·林肯（Abraham Lincoln）、伍德罗·威尔逊（Woodrow Wilson）和巴拉克·奥巴马（Barack Obama）总统也都是。］SpaceX和NASA的每位工作人员心中都清楚自己的使命，并被其领导人的激情深深鼓舞。这种认知，在领导人坚定信念的推动下，促使他们每天一大早从床上爬起来，就全身心投入工作当中。这种认知和信念仍推动着SpaceX的团队，他们庆祝完猎鹰重型火箭发射的重要一步之后，又立即回到工作中，着手下一个重大步骤。

内向者都深知自己的使命，更确切地说，深知自己使命背后的激情，他们都有那种同样的感觉，但这个使命不一定非得像太空发射那么宏伟壮观。像贾斯汀一样，你的使命可能是提供以客户为中心的业务增长体验，因为你认为一个组织的业务增长很大一部分应该源于服务现有客户。或者像夏琳一样，她的使命是在亚利桑那州那样的炎热环境中打造繁茂的后院绿洲，因为她讨厌看到人们花大笔钱打理自己的后院，最终种植的花草却全都枯萎死掉了。

　　将你所做的事情与自己的激情和使命相关联会让别人愿意为你付出自己的时间、金钱，甚至是贡献出自己的人脉和想法。他们还愿意去追随你，和你一起共事，甚至帮助你去实现目标、抱负。正是这种激情和使命感的存在，可以让我们开疆辟土。

自我反省

　　然而，要做到这一点，你得先自省一下。你需要深入挖掘你是谁，发掘自己内心深处一直蕴藏着的激情火花。正如尼克，你需要去探索，你最终为何踏入了自己所选择的职业，它们又是如何以一种看似并不明显的方式关联在一起的。

　　要找到火箭燃料，你需要回答三个重要问题：

　　（1）在这个世界上、在工作场所内、在客户、供应商、潜在客户等方面，你希望看到（发生、停止发生、改变或改善）什么？

　　（2）你为什么在意这一变化？

　　（3）它背后的驱动力（激情）是什么？

　　目前，先不要操心如何用你的激情或使命去赚钱，也不要操心如何说服你的老板让你去追求这一理想。建议你先暂停一下大脑的逻辑思维运转，暂且放下你的梦想。难道你不觉得自己已经关上这扇门太久了？开开门让新鲜空气吹进来吧，同时也给你自己一个机会去设想一下"如果做了……会怎样"。

找到你想全身心投入的事情

我并不想问你为什么要社交或为什么要去建立人脉。也许是因为你需要一些潜在线索或信息，无论是新客户还是新工作方面的信息。我想问的是，除了能让你赚到钱或担心一分钱也赚不到之外，究竟还有什么事情重要到能让你每天一大早从床上一爬起来就立马全身心投入其中。想象一下，每天早上你不得不忍着自己内心的不舍离开深爱的家人，有时甚至得长时间跟他们分离两地，想想那种感觉，究竟有什么事情重要到让你觉得值得自己这么做？想象一下，尽管你身处各种艰难复杂的商业、工作环境中，还得坚持去社交、应酬，究竟是什么对你来说如此重要，能让你在这种艰难复杂环境里依然精力充沛、专心致志？

如果你和我以前的许多客户一样，你可能不会马上得到答案，甚至可能什么答案都得不到。别担心，这很正常。试着问问自己下面几个问题，说不定你的思路会顿时变得畅通起来：

（1）我本可以做其他什么职业，但为什么偏偏选了这个（也就是说，我为什么决定从事这个职业）？

（2）我个人与自己选择的公司或职业有什么联系吗？有没有什么个人故事将我与所选职业联系起来？

（3）在工作中，我最大的快乐来自哪里（对这个问题的回答可以包括以前的工作或公司）？

（4）做什么事情会让时间过得飞快？

（5）我讨厌看到什么情况（潜在客户、客户、供应商、同事等）发生？

（6）我乐于看到（潜在客户、客户、供应商、同事等）经历什么？

（7）我最喜欢在工作中解决哪些类型的问题？

（8）我从自己的个人生活中得到的最大快乐是什么？我如何才能使它与我的事业或职业相关联？

这可能是你第一次问自己这样的问题吧。我以前也一直没有想过问自己那些问题，直到我获得青年成就奖那天，我才意识到自己一直以来其实并不开心。在那之前，我认为这些问题跟是否成功是完全不相关的。不过，现在我明白了，这些问题的答案不仅对自己的身心健康至关重要，而且还有助于自己既可以做着喜欢的事情，同时又可以赚大钱。

所以，虽然你可能会想稍后再谈这个问题，但我建议你暂停一下，真正花点儿时间来回答一下上面的那些问题，去找出能让你的生活变得更好的那些答案。

 案例

找到激情的塔里克

我们来看看，这些问题对塔里克·穆尔希德的影响。

塔里克第一次来找我的时候，还是苏富比的一名房地产经纪人，当时也在寻找有没有更好的工作机会。他很擅长自己的工作——事实上，他在工作上表现很出色——但当时在这一地区他每天要与成千上万的房产经纪人进行激烈竞争。最初，他想完成更高销售业绩是为了有机会获得更高的领导职位，远离自己那些辛苦的日常销售工作，同时也是为了赚更多的钱。但是，光参加社交活动，如果直接赤裸裸地对别人讲"我想和你做生意，因为我想赚更多的钱或者发展我的团队"，并不能说服别人把单子给你。

起初，当我问塔里克他最关心的是什么时，他总是说要结识了不起的人，还要卖房子。"哪种类型的房子？"我问。"也许是独一无二的高端住宅吧？"但经过我的一番追问之后，他发现自己的房子让他很自豪。他喜欢房子所处的中心位置，这为他平时参加各种会议节省了很多时间。他喜欢这种工作与生活平衡的方式，这种方式使他可以保持高效率。渐渐地，我们聊得更深入了一些，很快他就开始跟我分享他是如何帮助高级领导人、大公司的首席执行官和企业家们找到他们内心的激情。

他明白，对于那些长期需要在家里办公的企业主来说，家的位置至关重要。他会向这些客户指出，他们当然可以在离商业中心较远的地方找到更大或更便宜的房子，但住得越远，参加社交活动的机会就会越少。如果一个社交活动距离你40分钟的路程，而非10分钟，你更有可能会

选择放弃，尽管那里可能会有很多潜在客户，或充满赚钱的机会。塔里克非常明白家庭工作场所的位置有多么重要。离家太近也有明显的缺点：会分散注意力；缺少自然光和风景，又会扼杀创造力和生产力。塔里克最终明白了将购房与工作需求相结合有多么的重要。例如，如果一个客户的事业刚刚起步，那么就不应推荐他买那种后期需要更多精力打理或更高维护费用的房子；也不应推荐他们在自己的企业也需要资金的时候买那种偏高价的房子。

塔里克的工作激情很快显露出来了。我们重组了他的整个品牌定位——帮助企业家、创业者和知名企业的首席执行官找到他们真正的创业之家。如果你想在奥斯汀买一套房子，任何房地产经纪人都可以帮你。但是，如果你是一名创业者或企业家，恰好正在寻找一个符合你企业愿景而不令你分神的创业之家，你该找什么样的经纪人呢？塔里克就是你唯一的合适人选。

塔里克甚至创办了创业之家播客。他在播客上采访了一些顶尖的首席执行官和成功的企业家，谈论他们的家庭工作环境。这使他有幸接触到了一些独一无二的人，这些人一般可能很难接触到，更不用说与之建立联系了。

所有这一切成果都源于找到自己的激情所在，设定自己的使命，然后跟身边所有人分享你的激情和使命。

我们应该都遇到过，有一些人像追逐名利的战士一般出入各种社交场合，用越来越多的人性换取快速的金钱回报。相信那并非你想要走的道路。如果你只专注于快速获利，便无法唤起自己内心真正的参与感。你的愿景必须比仅仅获得高薪更崇高，必须比仅仅达成一次性交易更远大。

是时候该去发现你真正是谁、自己真正在乎的是什么了。跟他人分享这一点才是你建立真实、真诚人脉的有效途径。这也是你建立那种有价值、有回报的人际关系的有效途径，这样的人际关系会帮助你实现自己的最终目标。

在下一章，我会向你说明为何成功并不在于想方设法让每个人都欣赏、认同你，而事实上你只需要成为少数人群的最佳人选即可。接下来，我会帮你找出那些少数人究竟应该是哪些人。

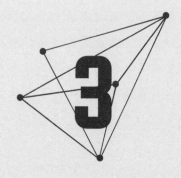

第三章

你无法讨好所有人

众口难调。

——《伊索寓言》(*Aesop's Fables*)
中的一则故事"磨坊主和儿子与驴子"

　　当你迫切需要客户时，任何客户对你来说可能都是好客户，对吧？就像被裁员时，你迫切需要一份新工作，任何一份工作机会听起来都好像比什么工作都没有要好。所以，你开始与所有人接触；毕竟，你只需要一个雇主或几个潜在雇主答应用你就可以了。但我想问你：如果真的随便给你一份工作，你都愿意做吗？——即使是一份你讨厌的工作，你也不介意？你真的想和随便什么客户合作吗？——哪怕是一个很糟糕的客户？想必你心中早已有答案了吧。因此，要想在人际交往上取得真正的成功，你需要停止那种广泛式撒网，而要致力成为少数人群的最佳人选。

　　这样的群体会想要雇用你、购买你的产品、欣赏你的工作、付给你应得的报酬——他们会视你为最佳人选，而不管你的竞争对手是谁。

　　对这个群体来说，你和你所提供的东西都拥有某些独特之处。他们洞察到了你内在的某些东西，也许是你自己还没有注意到的！它可能是你独特的个人和职业经验、拥有的技能（通常是你认为理所当然的技能）、看待世界的视角、处理问题的方式以及做事的激情等因素的综合。

　　我先来跟你讲述一下莱斯利·希尔的故事吧。

找到目标客户群

菜斯利是艾尔保（Arbonne）直销公司的区域副总裁，该公司生产美容保健产品，其使命是促进人们的健康生活。菜斯利最近从密歇根迁到了北卡罗来纳州生活，因此她不得不放弃以前在密歇根的整个人脉圈。在来的路上，她偶然看到了我的第一本书，并根据我书中的建议创建了一套系统化的销售流程。在我们最近的一次交谈中，她告诉我，她的工作最近一直很顺利。身为一名内向者，她喜欢在遇到一些似乎无法计划的事情时所拥有的那种掌控感。

菜斯利解释说，当她读到最后一章时，她突然就恍然大悟了。在这一章中，我提到当你首先找到某个目标客户群并专注于此时，销售会变得容易多了。突然间，菜斯利意识到她一直以来的社交方式好像都是错的。

菜斯利思索着自己到底想跟谁合作，谁又会真正看到跟她合作的价值。她认为，最适合她的是医疗服务提供商——更具体点儿说，就是那些懂得营养对健康很重要的医疗从业人员。

菜斯利带着这个新的关注点，决定尝试一下。于是，她前往当地商会举办的一个活动。当她走进活动现场时，特别注意到了一位女士，这位女士似乎认识在场的所有人。于是，她走到那位女士面前，先简单介绍了一下自己，接着问了她正在寻找什么样的客户。这位女士跟她讲了自己的理想客户类型，然后也同样问了莱斯利的理想客户是哪种类型的。

莱斯利答道："我的理想客户其实是那些懂得营养对健康很重要的医疗从业人员。"

那位女士立刻回应道："哦，我知道有一个人最适合你了——迈克医生！"然后她带着莱斯利径直穿过活动现场，把她介绍给了迈克医生。接着，莱斯利在迈克医生面前做了一番自己事先准备好的演讲（稍后会做详细介绍），然后迈克医生对她说："我一直希望能遇到像您这样的人！"不久之后，他预订了莱斯利四场诊所保健培训会，还把莱斯利介绍给了另一位医疗人员。这位女士也对莱斯利做的事情非常感兴趣，于是她又把莱斯利介绍给了其他很多医生和医疗服务人员，从而为她又带来了更多培训和演讲机会。

其实莱斯利以前经常去参加那个商会活动，但这是她第一次没有逢人就讲"我在寻找对美容和健康产品感兴趣的人"，而是把目标放在了那些注重营养的医疗服务人员身上。面对她所选定的目标客户群，她的回答更加明确、肯定。

要想让少数特定人群对你感兴趣，你就得学会忽略其

他人。

另一个例子是布莱克波特科技（Blackbaud）。在在线记账软件行业，QuickBooks、Xero、MYOB（澳大利亚知名会计软件公司）、Sage和FreshBooks等公司均面临着激烈而残酷的竞争。他们纷纷在新功能研发、市场营销和用户获取方面投入了大量资金。而与此同时，在一个原本就已饱和的市场上，布莱克波特科技的用户量却逐年增长，这无可非议。那这家公司究竟是如何做到的呢？因为它早早就看清了并非所有人都是他们的目标客户这一点，然后致力于成为非营利组织的行业标准。他们不必在研发上花大笔的钱，因为他们可以等着观察行业内的那些大公司做了些什么，然后取其精华，将那些好的做法沿用到自己的产品当中。由于他们完全了解自己的目标客户群，而其目标客户群也知道他们，所以营销就变得很简单了。

目标客户群范围之外

当然，我并不是建议你放弃所有现有的客户，甚至辞去当前的工作，或者仅仅因为机会不在你的目标客户范围内就拒绝那些出现在你面前的机会。每当讨论理想目标客户群的重要性时，我经常会听到这样的回答："是的，马修，那个群体非常适合我，我很愿意与他们合作。但如果我有机会和这个目标客户群之外的人合作呢？我一定要拒绝吗？"

我总是这样回答："当然不是！你不应该不做任何考虑就拒绝一切机会。很多人对目标客户群的理解都有误。我们不能仅仅因为选择了某一个特定目标客户群，就从此画地为牢，认定不能再做任何其他的事情。这并不意味着你不能和那些已经认识你、欣赏你、信任你的人合作，也不意味着你不能和以上那些介绍给你的人合作。我们专注于定位目标客户群，纯粹是为了从现有客户群或推荐人脉之外获得新的潜在客户或工作机会，让你把精力放在致力成为少数特定人群的最佳人选。这就是我们的目的，仅此而已！"

当我以这种方式向人们解释目标客户群，他们的恐惧感就渐渐消退了，然后准备全身心投入自己新发现的目标客户群。

人们对目标客户群的另一种误解是：我们必须一直或永远只专注于自己的某一特定目标客户群。这听起来像是一种令人生畏的承诺。让我来打消你的疑虑吧：不仅我个人曾从一个目标客户群体转向另一个目标客户群体，我的许多客户也是如此。当你在自己当前的目标客户群内建立起了势头，就可以利用这股势头来扩大你的客户群体。

例如，在教育领域，我曾在短短三年时间里把一家培训初创企业发展到了拥有3500名企业主学生。最初，我们只专注于一个特定的行业人群——电工技师。后来我们开始为工作现场上所有的商人提供培训服务，再后来为花店和美发

店提供培训服务。不知不觉间，我们已经在跟医生和律师合作了。

如果我们一开始就向所有人提供商业教育，这样的业务增长水平就不可能实现。如果我们一开始只关注业务，这样的结果也可能不会出现。从电工技师这一特定目标客户群体开始，然后抓住这股良好势头一步步发展，这就是我们的业务实现快速增长的原因。

人们对目标客户群的最后一个困惑是：如果你参加一个社交活动，打算向在场的人分享你的激情、使命以及你的目标客户群时，而对方却偏偏不在这个领域范围内，那该怎么办呢？你会如何应对呢？是选择迅速调整方向、切换到与之相关话题，还是坚持己见、继续把你原来的话题讲下去？

你会坚持己见，原因是：你想要把社交升级到一个你从未达到过的高度。不久后，你可能会学会以一种有条理的方式来阐明你的使命和目标客户群体，你也会拥有一大堆策略型的社交法宝。这时，你发现自己好像拥有了一种极具感染力的人格魅力，这种体验会让你有一种前所未有的感觉。这种新发现的热情、魅力会让他人也被你的使命感所深深吸引，就像莱斯利的新客户一样。他们身边可能会有同事、朋友、合作者，或者其他符合你目标客户群定位的人，然后他们会带着你去认识这些人，而这些人可能又会把你再介绍给其他人。

事实上，我还发现很多人会试图把自己的需求或他们的问题转移到你的目标客户群定位上。比如，他们通常会这样回答："虽然我不属于你所描述的那类人群，但我们有很多相似的问题。我觉得你或许可以帮我们解决这些问题。你愿意为我们提供服务吗？"想想人际交往中的角色互换，也就是说，从试图向他人推销到让他人主动向你分享自己的需求，这是多么大的角色转变啊！

我有很多产品公司的客户和外向者客户，甚至价值数十亿美元的科技公司客户，其实都在我的目标客户群定位之外，他们都曾提到我的系统化方法和销售流程也很适用于他们；他们还提到自己只是需要像我这样有激情和能力的人来帮助其解决问题。

这一切都始于一个小众的目标客户群。所以，现在让我们一起来寻找你的目标客户群吧。

目标客户群定位基础知识

要找到你理想的目标客户群其实比你想象的要容易。我们可以通过以下三个简单步骤轻松搞定。

首先，如果你刚从大学毕业，或者刚刚进入一个全新的、完全不同的行业，那么这是你正式"跳过第一步"的免费入场券。请直接进入第二步，读到本书的最后，你会发现后面有专门为你量身定制的建议。

此外，对于企业主和职场从业人员来说，这个过程略有

不同，这就是为什么我将第一步分成了两个部分。不过别担心，最终结果会是一样的。

企业主的第一步

首先，请拿出笔和纸。你需要列出两份名单。

在第一份名单上，请写下这些人的名字：当你的电话铃声响起时，他们的电话号码出现在你的来电显示中，你同时会听到"嚓—叮（cha-ching）!"就像钱到账般的声音。这些都是高薪酬客户，他们会按你的价值付酬劳，而且从不会讨价还价。或者他们还可能是那些你只合作过一次的人，但他们属于愿意为你付出的价值支付给你高薪酬的客户。这并不一定就意味着你很喜欢跟他们合作，只是说明你为自己所做的工作赚取了丰厚的报酬，于是可以将这些人都列入你的"嚓—叮!"名单。

在第二份名单上，请写下那些赞美你的人的名字。这些人有可能向别人夸赞你的工作，也有可能向别人夸赞你的产品，还有可能是那些一直为你推荐客户的人。他们往往是这样的，比如，你只是请他们帮你写几句简短的评价，而他们会热情到帮你写上一整页的内容。请将这些人列入你的"狂热传道者（evangelist）"名单。

不要以为只写下几个名字就可以草草了事了，这份名单必须详细。请记下每一个曾支付过你高薪酬劳或者在职业上给予过你帮助的人（注意：这里只能是一些个人，而非公司。我们不跟公司合作，只跟公司内部的个人合作）。

员工的第一步

你还是需要列出自己的"嚓—叮！"名单和"狂热传道者"名单。唯一的区别在于我们如何定义这些人。

对于"嚓—叮！"名单，需要同时考虑你的内部客户和公司的外部客户（再说一次，这里的客户指的是个人，而非公司）。你可以把现在和以前的老板、直属经理或非直属经理，甚至同事都看作自己的内部客户。想想他们中的哪一个让你拿到了奖金、给你大幅加薪，或给了你其他形式的经济奖励？又是谁给了你直接或间接获得金钱利益的机会？再想想哪些外部客户会总是希望跟你合作——当电话铃响起的时候，你的来电显示上面会有他们的号码，同时你的老板也听到了"嚓—叮！"钱入账般的声音。这些客户之所以甘愿付钱给你的老板，是因为他们想要和你共事。

而你的"狂热传道者"名单上，应该是那些总是向别人夸赞你、吹捧你工作出色的人。他们或许向别人推荐过你，帮你争取过某些特殊的项目或奖项；或许在你申请职位晋升时一直鼓励你、支持你；或许过去曾跟你合作过，现在也很乐意做你的推荐人；又或许，因你们共同所在的协会或社团，他们很了解你以及你的工作。简而言之，就是那些一直欣赏你、信任你、支持你的人。

61

所有人的第二步

好了，想必你现在手里已经有了自己的"嚓—叮！"名单和"狂热传道者"名单了吧？从现在这一步开始，无论你是一名企业主，还是一名职场人员，下面的过程都是一样的。

现在你需要对这些名单里的人进行分类。请研究一下在两份名单上记下的所有名字，你会渐渐注意到一些相似之处。无论你发现什么，都要根据这些同类特征将他们分成多个群组。这可能包括那些希望在实现某一特定结果上获得帮助的人，比如退伍军人在重返平民生活时需要职业指导，或首席执行官希望获得"最佳工作场所（Great Place to Work）"之类的奖项；又或者是那些传统的零售商，他们希望在社交媒体上有更多的网络形象。这些帮助也许会给他们原本混乱的生活带来一些系统化的方法和流程；又或者是那些部分失聪的人，想要在看电视的时候听清楚声音；再或者是那些想要在产后恢复体力的妈妈（是的，这些都是我的客户所发现的真正目标客户群）。

或者这些群体可以按以下一个或多个特征进行分类：

（1）**人口统计特征**：年龄、性别、婚姻状况、宗教、国籍、教育、收入。

（2）**心理统计特征**：决定他们想法和行为的信念、态度和指导原则。

（3）**地理特征**：地理位置、国家、州、市、县、邮政编码、小区。

（4）行为特征：人们这样做的原因、他们的生活模式。

或许这些群体有着共同的特定需求、焦虑或问题。这些问题可能包括相互竞争的业务需求、领导力问题、长期增长中出现的不寻常停滞期，或是导致优先事项次序发生变化的特定生活事件。我有一个客户，他的目标客户群是同一所学校的校友。而另一个客户的目标客户则都是希望建造永久家园的空巢老人。你的目标客户可能都喜欢音乐剧或管弦乐队，或者他们可能都是在职妈妈或全职爸爸。就像你详尽地列出了两份名单中的所有名字一样，也要详尽地想出各种可能的办法把这两份名单分成具有相同特征的多个小群体。

最后，在我们进入下一步之前，我有一句警告。请不要犯这样的错误：轻易忽略那些只有几个名字的小群体。我在上一本书的最后一章中介绍了温迪，并讲述了我们是如何在仅有两个客户的基础上找到她的目标客户群的。

如果你读过我的第一本书，你就已经知道她的故事了，但我还是想重述一次。温迪是一个在业务上艰难挣扎的普通话培训师。与其他很多行业的市场一样，普通话培训行业也存在着激烈的本土业务竞争及全球业务竞争，也存在一些竞争对手愿意以很低的价格提供服务的现象。为了帮助她避开这场价格战，我注意到一个只有两个名字的微小群体。进一步讲，即从她列出的几百个客户以及我们给她分类的几十个小群体中，注意到了那个只有两个名字的微小群体。事实上，他们是带着家人移居中国的两位高管。我们经过深入交谈之

63

后，温迪透露，她所提供的培训指导帮助了这两位高管以及他们的家人在这个文化习惯迥异的陌生国家快速进步——这远远超出了严格意义上的语言辅导的价值。这对他来说似乎变成了一个几乎没人跟他竞争的目标客户群。仅仅用了一些策略，她就从原来那业务无人问津的困窘境况发展到高端定制私人语言辅导服务（每小时可赚50～80美元），后来发展到全球业务最好的家庭小组语言辅导服务（每小时可赚3万美元）。

这一切都得益于一个我们很容易忽视的微小群体。虽然这看起来很没劲，但我建议你们不要轻易忽视或排斥这些小群体，因为很有可能其中一个就是你跨入另一种生活的入场券。

给那些刚刚起步的人

读了上面的内容，你可能会想："那只是两份空白的名单"，你说对了。但是，当在董事会上没有人支持你时，你最不想做的就是和那些支持票数众多的人进行正面竞争。这就是为什么一开始我就说专攻某一特定目标客户群很重要。

当然，如果你以前是一名工程师，你现在已经决定要改行做文案工作，那么专门为工程公司撰写文案对你来说可能就是一个不错的首要选择。

然而，如果你刚走出大学校门，或者刚进入一个全新的、完全不同的行业，那么你就需要通过研究各类群体的人口统计特征、心理统计特征以及行为特征来分类创建不同的目标客户群（例如，可能的雇主或潜在客户），因为你认为这些群体可能与自己的激情有关联，进而让你可以追求自己的人生目标或使命（这一点我们在上一章已经发现）。请注意，你现在可能对自己的潜在目标客户群体还不是特别了解，所以我建议你先不要盲目行事。你应想尽办法去全面了解所有可能的选择。你可以先看看与你感兴趣的群体相关的播客和杂志，看看当你更多地了解其问题和关切时，你的兴趣是在增长还是在减少。您还可以查看第一调查公司（First Research）的行业报告名单、市场研究公司宜必思世界（IBIS World）的行业报告以及可从相关协会和社团获取的任何信息。你甚至还可以联系一些目前已在你所评估的群体中工作的人员，去问他们一些问题，了解一下他们的想法。

最后，当你进入这一研究阶段时，请注意合理分配时间。你可能不经意间就花掉了自己大半的时间，来分析每一个可能的群体。请给自己专门分配一段时间，用这段时间去全面、透彻地研究你的各种选择，然后再和我一起进入下一节（跳过第三步）来做出你的选择。

所有人的第三步

无论是企业主还是职场人员，现在请你们拿出一支红色记号笔。先观察一下自己前面划分出来的所有小组，然后圈出那些让你从中赚取了丰厚报酬的小组。就像你最初的"嚓—叮！"名单上的这些人，当你的手机上显示着他们的电话号码，你几乎可以肯定钱马上要进账了。如果名单上的每

个人都是你或你公司的摇钱树，那就用红笔把他们圈到一个小组。如果该组内有很多人而非所有人都符合这一要求，你可以考虑进一步细分，使用第二步列出的额外特征标准，将那些符合同一特征的和不符合的区分开。

接下来，再次检查你的那些小组，这次请用蓝色记号笔，圈出赞美你的小组。就像你最初的"狂热传道者"名单上的那些人一样，你知道你可以依靠这些人的推荐和好评来获得支持。同样，如果其中的每个人都是你的狂热粉丝，那就将他们圈到同一个小组，如果该组内很多人而非所有人都符合这一要求，就可以考虑进一步细分。

你会发现有些小组，周围只有一个红色的"嚓—叮！"圈，这意味着大笔的收入，但这些人一般不会向身边所有人推崇你、赞美你。虽然你会享受到丰厚的报酬，但你有可能会陷入一个自己厌恶的工作陷阱，因为那些客户最终会让你无法忍受。

你还会发现有些小组，周围只有一个蓝色的"狂热传道者"圈。这些人很欣赏你，你可能也欣赏他们，但归根到底你需要赚钱。即使你的使命是拯救世界，但如果你连饭都吃不起了，相信你也不会做得太久。

最后，你会发现有一两个甚至多个很神奇的小组，他们周围不仅都有一个红色的圆圈，同时还有一个蓝色的圆圈。而其中的一个小组，也是唯一一个，才是你在社交上应花费功夫专攻的目标客户群（稍后我会向你介绍如何做选择）。

这看起来好像很简单，又好像很复杂。但请相信：你一定会喜欢跟这个群体合作的。我的意思是，谁不喜欢那些既赞美自己，还跟身边所有人分享自己的出色工作，同时又付给自己丰厚报酬的人呢？

做出艰难的抉择

作为一个企业主或职场人员，你可能已经发现了两三个甚至二十多个周围同时有红圈和蓝圈的小群体。如果你刚从大学毕业，或者刚刚进入一个新的行业，你很有可能已经发现了许多具有多种特征组合的目标群体可供你选择。不管你目前有多少个目标群体，重要的是，你只能选一个。就像第二章中所提到的吉姆·科默，我们无法朝着两种完全不同的理想方向，同时去追求两个目标，你只能选择其中一个，然后将你的全部注意力投入其中。如果你按这样做的话，神奇的事情就可能会发生，但如果你分散注意力同时追逐两个梦想，也许你的梦想最终都会落空。

虽然在管理金融投资组合时对冲风险是可行的，甚至是聪明的做法，但当谈及管理你的事业重心时，你就不能同时被拉向两三个甚至多个不同的方向了。和吉姆一样，你的时间有限，精力也有限，如果你身处多个阵营，你就无法很好地向别人展现自己就是最佳人选。

简单地说，请选择那种最符合你的理想和人生目标的客户群体。从长远来看，你会从中赚取到最丰厚的报酬，同时还会更加热爱你的生活。请不要因为某一群体听起来似乎是最明智的选择就满足于这一既定的客户群，你要去大胆地选择一个你心里清楚自己会乐于与之合作的目标客户群。

选择"安全可靠的"目标客户群的问题在于：总有些人确实真正喜欢与这个群体合作。这些人天生的激情和热情会让他们很快超越你，以比你更快的速度抢占商机或获得晋升机会。你也许可以和他们竞争或抗衡一段时间，但总有一天情况会变得糟糕，比如2008年全球金融危机、2019年新冠肺炎疫情，或者仅仅因为你所在的行业发生了一些变动。如果你没有和自己的竞争对手一样的火箭燃料，那你不久后就会开始问自己："我做这些究竟是为了什么？这本应该是一种安全、实际的选择，可现在却变得跟其他事情一样艰难。我讨厌自己现在所做的一切！我为什么要这样委屈自己呢？"

请不要让自己最终变成这个样子。所以，现在就请做出艰难的抉择吧。

找出自己的与众不同之处

目前，你已经了解了自己的目标客户群，那么接下来我们一起找出你身上的秘密武器吧。现在请先回答这个问题：

"你的客户认为你出色的三个主要原因是什么?"我问你这个问题时,并不是在谈论你的客户雇你或购买你的产品的笼统原因,我要讨论的是客户认为你提供给他们的那些可以让你与众不同的意外惊喜。

　　对于许多内向者来说,这往往是一个很难回答的问题。我总是听到人们说,"我很容易发现别人身上的独特之处,但每当谈到我自己时,我却搞不清楚了"。遗憾的是,我们很多内向者花了过多的时间去关注自己的弱点或短处,却从不关心自己的优点或长处所在。我们经常忽视甚至贬低自己很多与生俱来的本领和才能,却偏爱那些花费了大量时间才习得的本领和才能。

　　虽然有很多方法可以帮助你发现那些自己对目标客户群来说不可或缺的特殊品质,但到目前为止,我认为最好的方法还是乔恩·哈里斯的做法。

 案例

向客户提问的乔恩

　　乔恩是加利福尼亚州萨克拉门托的第二代印刷商。遗憾的是,在过去的20年里,印刷业已经变得几乎大众化了。我们究竟如何才能创造某种方式,让乔恩和他的员工在向别人介绍自己时可以树立一个有别于同行竞争

对手的独特形象，而非一家提供那种跟UPS商店（UPS Store）、欧迪办公（Office Depot）、联邦快递办公（FedEx Office）等同质的大众化服务的印刷店或者出现在谷歌搜索中的其他同类印刷商？

练习目标客户群定位对乔恩来说很容易。同时被红蓝两色记号笔圈起来的人群，即乔恩的狂热传道者和最赚钱的客户，他们都是教育培训公司的创始人。事实上，在乔恩拥有的数百个客户中，其中有两家教育培训公司创造了其公司近80%的收入。

"乔恩，你明白这意味着什么吗？"我问。乔恩说他当然明白，这意味着他的整个生意全都押在了这两个客户上，这太可怕了。毕竟，如果其中一个不再用他了，那他该怎么办呢？

虽然他也说得没错，但我对这一现象的反应却与之相反。我对他讲道："你可以这样想，如果你放弃所有其他客户，再拿到两个像这样的客户，你的生意就会翻倍！"

当我问乔恩，是什么原因让他那两个大客户一直光顾他，重点是，他的价格还不是最优惠的，他回答说："或许他们喜欢我们的服务，或者觉得我们经验丰富吧。"

"人们总是习惯于将原因归结于这些笼统的表面现象，但事实上总是远不止于此。"我回应道，"有很多公司承诺提供优质的服务，也有很多公司承诺提供更优惠的价格。而你需要思考的是：客户欣赏你的那些经验和服务的具体点体现在哪里？你所提供的那些令他们在别的地方无法获得的具体东西又是什么？因为这些正是客户在每次支付给你报酬，或接到某个比你低价的竞争对手发来的陌生邮件或打来的陌生电话时，脑子里所考量的东西。"

可悲的是，不管我问乔恩什么，或者怎么问他，似乎对他来说都无关紧要；他似乎无法找到我们一直在寻找的答案。

最后，我说："乔恩，你得拿起电话问问他们。"

现在你的心里或许在想，"我宁愿自己拔掉自己的指甲，也不愿打这个电话"。但你也许从我的第一本书中已经了解到，我喜欢把这类互动编写成对话脚本，这样你在打电话时就清楚知道自己该说些什么了。你甚至可以稍微演练一下，这样，你在拿起电话之前会感觉到心里轻松不少。

我给乔恩编写的对话脚本是这样的：

"我想感谢您一直以来对我的厚爱和关照（然后等客户做出回应）。事实上，我一直在和一位新请的培训师合作"（我总是这样有意让我的客户去责怪我，你也可以这么做），"当他问我自己最优质的客户是哪些人以便帮我找到更多类似的客户时，我第一个想到的就是您的名字。能和您以及您的团队合作对我来说真的很荣幸。我接下来说的希望您不要介意。当我说出您的名字时，他建议我打电

话给您，问问您为什么一直以来如此关照我们。"

起初得到的回应总是这样的："我们非常欣赏你们的客户服务水平以及你们做生意的方式。"

我教乔恩这样回应："（名字）先生/女士，首先我很感激您能这么说。真的非常感谢！那你认为我们的服务中有没有什么具体的点是您最看重的？"

提到"具体"两个字，它会让人联想到一些实例或细节——即在人们的心目中占有很重要分量的某些东西。这样一问，就促使乔恩的客户去联想一些具体细节，而非泛泛的笼统内容。

在乔恩的案例中，那两家教育培训公司的客户都认为乔恩所提供的服务有三大优势是宝贵无价而不可取代的。

第一，从事教育培训行业的人都知道，当为一个公司做定制化培训时，你身上永远背负着最后一刻出现变化的压力。那些培训讲师经常发现自己大晚上10点多钟还在奔走于当地的史泰博办公用品店（Staples）复印一些资料，接着还得熬夜整理课上要用的那些手册，以赶在第二天开课前或航班起飞前将一切准备就绪。而乔恩的团队则是专门做上述全套准备工作的，并且他们已经习惯了最后一刻的修改。所以，那些培训讲师心里清楚他们所要做的就是把所有资料发给乔恩的团队，然后剩下的就全交给他们了。仅凭替人们分担这种压力，让乔恩和他的团队成了不可或缺的资产。

第二，那些培训讲师们相信，万一他们在匆忙赶工后送往打印店的过程中遗漏了某些东西，乔恩就会像一道必需的防故障保险一样及时介入其中，避免一些错误发生。乔恩似乎总能抓住培训讲师遗漏的一些重要东西。乔恩与教育机构合作多年后，自己的脑海中已经有了一份清单，可以清晰列出手册中通常所需包含的所有东西。例如，培训讲师最常忽略的两样东西——目录和页码。如果你曾经参加过研习培训班，也遇到过手册的页码缺失的情况，你就会知道讲师在授课和练习环节在不同页面之间来回翻找是多么令人抓狂。这会让听讲者感到失望、沮丧，也会让讲师自己感到尴尬、难堪，甚至会给公司带来不好的影响。乔恩的那些客户都前来找乔恩，依赖他来做他们的"终稿校对员"，这样才会感到安心，觉得那些手册在任何时候都是完美无瑕的。乔恩给予客户的这枚"定心丸"足以让其选择他及他的团队，而非其他任何一家印刷商。

第三，乔恩的客户还依靠乔恩安排物流，把他们的手册送到合适的会议室、酒店宴会厅或展销厅。因为大多数印刷商从来不会自行承担这项繁杂的工作，那些讲师经常发现自己得随身携带这些资料，还得把沉重的箱子从随行车辆抬进抬出，最后还得在飞机上把它们当作行李进行托运。这一切对讲师们来讲简直就像是一场噩梦。乔恩的团队负责

解决掉了这个问题，因为他与许多船运公司都有合作，总能得到更便宜的运费价格。安排完发货，乔恩团队还会去确认这些手册是否已到达指定的目的地，是否被存放在安全的地方。所以那些培训讲师从来就不用操心这些。同样，这一点足以让乔恩的那些优质客户选择继续使用他的服务。

当把这三大具体优势放在一起，乔恩才发现自己已不知不觉间创造了一种专业化服务。对他来说，这才是我们做生意本应采用的方式！

我们先暂停一下，容你思考片刻。不管你目前从事何种工作，想必你一定和乔恩之前一样。可能会认为你所做的工作并没有什么特别之处，你可能觉得"我只是在提供跟别人一样的东西"。但你的工作方式以及你与客户或雇主的合作方式是独一无二的，这就是差异点。事实上，正是这些差异点让你在工作技能或产品方面在其他人面前得以脱颖而出。这正是你的客户欣赏你之处，也是他们一直光顾你的原因。

乔恩只是认为他提供了优质的客户服务——在这方面，他也确实是这样。然而，被乔恩视为最基本的优质服务的那些东西被他的优质客户视为乔恩的竞争优势，这也正是这些客户选择与乔恩合作而非与其他那些价格上看起来似乎更有优势的竞争对手合作的唯一原因。换句话说，这些客户并没有把乔恩放在他自己心中所设定的那个大众化"商品陈列架"上。

因此，你需要做的就是写下你可以提供给自己目标客户群的三大更高层次的优势，就像乔恩所做的那样——就是你所做的超出你所提供的工作技能或产品服务范围的那些事情。

说到这里，你脑子里可能会突然灵机一动想到一些事情。那就太棒了！不过请记住，我们经常可能忽略掉一些小事情——而这些小事情对你来说却是最容易做的，往往也是你自然而然会做到的事情，但这些小事情可能会给你的潜在客户群或潜在雇主带来巨大的影响。这就是为什么，即使你心中已经对客户为什么会选择自己有了明确的答案，我还是强烈建议你拿起电话，亲口问问他们具体原因是什么。

试想一下，如果你的工作方式和其他人完全一样，没有谁会愿意付给你比别人高得多的报酬，也不会有谁一直向自己身边的人夸赞你、吹捧你的能力。如果你没有什么特别之处或闪光点，这些人不会推荐你升职，也不会把你推荐给他人。这些正是你用红色和蓝色记号笔圈出的那群人，所以他们心里很清楚哪些点让你与众不同。

对乔恩来说，他的突出之处就在于可以扭转最后一刻的变化，确保无任何遗漏内容，然后协调物流、交付产品。

那你呢？

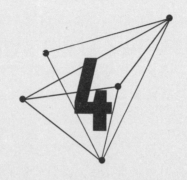

第四章

人人都在讲故事

分享知识有两种方式：
你可以直接把信息推送出去；
你也可以通过讲故事嵌入信息。

——佚名

案例

因讲故事而猛增的销售额

贝萨妮·詹金斯（Bethany Jenkins）和她的丈夫阿善（Shan）经营了一家豪华定制住宅建筑公司。他们的团队专门为那些想要建造"稀世臻品"住宅的人士提供定制化服务，这种私人定制高端住宅花费高达300万美元到1000万美元不等，但其独特设计绝对可以震撼到你。其实他们在参加社交活动时，遇到的很多人都想要这样的房子，但对方经常会说："我们现在只是在找设计师；若我们需要找建筑商的时候会联系你的。"要么就是说："我们已经有了满意的建筑商；现在只是在找设计师来帮我们把图纸给画出来。"贝萨妮和阿善也会试着与房地产中介建立联系，但他们通常都会这样回复："抱歉，我们已经有想推荐的建筑公司了。"

但"詹金斯定制住宅"不仅仅是一家建筑公司——它是一家设计兼建筑公司。两者之间的区别很重要。在典型的项目中，设计和建造通常是由两家不同的公司分别完成的，双方很少有机会进行很好的沟通，从而导致最后的局

面很混乱。我们常常会听到建筑商急匆匆地对设计师说："你需要挑选一下××物料，今天就得告诉我们你要哪种。"建筑商和设计师之间通常会因为成本超支或设计缺陷而互相指责，这时客户就不得不充当调解人的角色。而这一切压力都可能会对客户的婚姻生活造成影响。最终，客户不得不住进那栋自己根本不喜欢的房子里；更甚者，理想的家园最终成了一场噩梦。

这就是为什么选用一家设计兼建筑公司如此重要，因为他们清楚地知道额外费用会是多少，何时需要做出选择（如提前通知），以及如何在预算范围内为其客户设计出梦想家园。

而詹金斯团队总是无法向其目标客户清楚传达上述这一关键信息。贝萨妮感觉，不管他们自己说什么，听起来都像是在说竞争对手的坏话，甚至像是想吓唬潜在客户，让他们把生意交给詹金斯团队自己来做，而其实只是想向人们说明他们这种做法的好处。

随着时间的推移，阿善认为他不能再将自己的精力同时放在公司的建筑工程和销售两方面。而贝萨妮也不想再一个人同时负责公司的人脉拓展和销售两个模块，她不想成为那个专门做这种讨人厌的事的人了。

贝萨妮和阿善决定雇一个销售员。但为了帮他们节省开支，我告诉贝萨妮，我们可以利用她天生内向的优势为其创建一种系统化的销售流程。贝萨妮一直认为她内向的性格与社交和销售有直接冲突，但答应去试着相信我给她的分析建议。她打算试着自己做。

"尽管如此，"她立刻问道，"但在日常见面聊天或者在社交活动中，如果别人对我说'我已经联系上了一个设计师，我只是在找一个建筑商'，或'我已经联系上了一个建筑商，我只是在找一个设计师'，我该如何去回应才能让人听起来不那么像是在推销呢？"

"给他们讲个故事。"我回答道。

"比如说，您是否遇到过这样的情况：一位潜在客户带着设计师为她做的设计图纸来找你帮忙，结果你却告诉他，这个设计不符合他的预算？"贝萨妮听后连忙回答说这种情况经常发生。然后，我让她跟我讲一下她遇到过的最糟糕的情况。

贝萨妮告诉我，有一次，一个名叫梅根的潜在客户跑来他们的办公室，向他们解释了自己想要什么，然后还给他们看了设计师为她做的设计图纸。梅根看起来很温和，谈话也进展得很顺利。为了让这次谈话结束时看起来比较圆满，阿善最后说："太好了，我们再仔细研究一下您的设计图纸，然后给您报一个最终的价格。"

梅根非常焦急地回应："你现在能给我一个大概的数字吗？"通常，他们会说不，因为准确计算出所有的费用

需要时间。但是这位看起来温柔又含蓄的女士却一再坚持要马上听到一个最终的价格。阿善最后被迫给她了一个粗略的估价。这时，梅根就突然哭了起来。

她向他们哭诉，她已经告诉过她的设计师自己的预算范围，但拿到设计图纸后，她连续去找了四家不同的建筑商，他们给出的建造价格都是自己预算的两倍。梅根和她的设计师已经合作两年了，专门聘其来设计她的梦想之家。而现在五家建筑商都告诉她，建好这栋房子所需的预算太高，她可能根本负担不起。如果这样下去，她要么干脆放弃建造这栋理想中的房子，要么再花一次钱来设计一所较小的房子，但她自己心里清楚，这并不是她想要的。"怎么会这样？"她哭着说。

我对贝萨妮说："尽管可怜的梅根处境确实很不幸，但这也算是一个很好的故事，它可以向人们清楚说明为什么分别找设计师和建筑商风险很高，这比直接告诉他们具体原因要好得多。"

如今，在社交场合中，如果贝萨妮再遇到有人说"我已经有设计师了，现在只想找一个建筑商"。她就会简单回应道："恭喜你踏上了通往梦想家园的长途之旅。这是多么重大的转折点啊！如果您已经找到了一个如意的设计师，那就太好了。但是，有没有人告诉过您'先设计后建造'与'设计和建造一体化'之间的区别，以及为什么'设计建造一体化'那么重要呢？"

很多人都困惑不解地问道："没有人告诉过我这些……那是什么？"

贝萨妮继续说道："好吧，那我来告诉您吧。这两者之间主要的区别其实是……唉，我还是先给您举个例子吧。您看，梅根来找我们的时候……"贝萨妮接着总结道："所以我说这个例子当然并不是说如果您将设计和建造分开，发生在她身上的那种糟糕结果就一定会发生在您身上，我真心希望它不会发生。但是，无论您是选择我们还是其他同类服务商，我还是会强烈建议您试试'设计建造一体化'这种选择。"

当他们真的要选的时候，你觉得他们会把谁视为最佳人选呢？

这难道不比自我推销或感觉自己在向别人植入恐惧感要容易得多吗？其实仅用一个简单的故事就可以巧妙地回避这一切。自始至终，你并没有明确告诉他们那样的做法是错的，所以这不会让人觉得你是在对他们妄加评判。你也没有在说教。你更没有直接要求他们聘用你，或者他们的选择并不适合他们。对贝萨妮来说，她讲的故事是用来指导潜在客户去了解风险，同时激发他们探索另一种做法的兴趣。这表明，贝萨妮理解她的听众，明白他们内心的恐惧，并且知道如何避开这些。

梅根的故事和其他两个故事使詹金斯定制住宅公司的业务发生了翻天覆地的变化——该公司在运营近20年后，年营业额从600万美元猛增至第二年的1800多万美元。

更重要的是，它让一名内向者从讨厌销售和社交，变得喜欢销售和社交，并渐渐开始主导自己所在的整个行业！这就是故事的变革魔力。

吸引别人的注意力

当有人问你是怎么认识你的另一半时，你一定会给他讲述一个"我们是如何如何相遇的"精彩故事，而且你肯定已经把这个故事讲了一遍又一遍，不是吗？第一次时，你可能讲得没那么好。但随着你讲的次数越来越多，你发现自己讲得越来越好了。在讲故事的过程中，你会注意到人们愿意主动去了解有些内容或对某些内容似乎很感兴趣，然后你就重点突出这些内容。如果人们对有些内容不感兴趣或在听的过程中目光渐渐变得呆滞，这时你也会注意到。此时，也许你心里在想"下次我就直接跳过这部分内容好了"。月复一月，年复一年，不知不觉间，讲述这个故事时就变得有点像一部戏剧杰作了，不是吗？

我们总是喜欢讲那些跟我们真实生活有关的故事，而一旦换到商业场合时，我们的故事就变得很单调，一味地只讲表面事实，不想掺杂任何情感元素。我们总是重复地说"顾客想要这个，所以我就给了他们这个"，然后故事就结束了。为什么会这么做？为什么每当需要向我们的潜在客户或雇主讲述故事时，我们就把那些丰富的描述和情感背景全都去掉了呢？为什么我们要把所有能让故事变得引人入胜的元素都抹去，只留下那干巴巴的事实呢？

或者，更常见的情况是，为什么我们从来没有想过要讲故事，而是在本来有机会讲故事时却直接进入那种"说教模式"呢？

我第一次站在舞台上演讲时就犯了这个错误。记得那时澳大利亚维多利亚州马其顿山郡议会经济发展部（Economic Development Department of Macedon Ranges Council, in Victoria, Australia）主动联系到我，问我是否愿意向一群小企业主分享销售和营销经验。当时对于自己能受邀去分享，我感到极为荣幸，于是我就一股脑地把自己能想到的所有专业知识全都搬了出来。我在会上分享了很多内容，比如销售统计数据、销售策略、销售理论、销售话术、营销体系、销售流程以及注意事项，等等。我几乎把能想到的所有东西都一一分享给了他们。

我以为自己是在帮助在座的这群人，但后来我才发现，对他们来说，这更像是在隔靴搔痒。

是的，在座的很多人事后曾告诉我，他们当时的确很欣

赏我的热情，而且他们还记了好几页笔记。他们很感激我的帮助。但自那以后，我再也没有听到他们的任何消息了。

有句古老的销售格言是这样说的："搞晕了客户，就搞丢了订单。"我认为，自己的失败就在细节上。我给他们灌输了太多的专业信息和行业术语。我在短短90分钟内把自己数年积累的经验一股脑全都抛给了他们，他们肯定会晕头转向。后来，不但没有人再联系我了，而且很可能根本没有人把我说的任何一句话真正用于实践。

当然，我的确向他们展示了自己的才华，但我并没有激发起他们中任何一个人采取行动的欲望，所以最终我还是失败了。

有时候，在人际交往中，当你告诉他们目前正做的事情时，会有一件神奇的事情发生——他们通常都会一致回答："哦，我好像确实需要这方面帮助呢。"于是，你就会自发地进入说教模式，先问人一些问题，然后提供一些建议、解决方案或见解，对吗？你认为，自己好像是在帮助对方，而且也发挥了自己的专长。然而，你所做的实际上只是一个信息传输的工作。你的听众或许会心存感激。虽然他们也知道你是在试图帮助他们，但他们还是会被你灌输的海量信息搞得晕头转向。

在人际交往时，你的任务不是给别人传授你的人生经验，而是要讲述一个有教育和激励作用的故事。如果你这样做，那听众可能会感觉到跟你之间的联系好像更紧密了。他们会觉得你给他们带来了非凡的价值，从而会更愿意跟你合作。

我在演讲过程中嵌入一些内容丰富的故事之后，越来越多的听众前来告诉我，我的演讲给他们带来了极大的价值。后来，人们陆陆续续前来找我，说他们采用了我的建议后，收获了惊人的成果。而比这些更让我高兴的是，越来越多的人主动联系我，电话预约要直接跟我合作。为什么呢？这一切似乎突然在他们身上变得实际有形了。他们可以看到，我建议的方法在多大程度上可适用于他们的实际情况，以及他们为何应该在意这些。同时，也可以看到，我真正理解他们的问题，我的策略也确实可以帮到他们。这比直接向他们灌输一大堆专业信息，效果要好得多。

在人际交往中，你通常能将别人的注意力吸引多长时间？最多就几分钟，对吧？在这几分钟里，你必须得让自己富有策略性。

因此，要想让对方对你讲的内容产生兴趣，从而想要进一步了解，那最有效的工具就是讲故事了。

讲故事的艺术

开始以讲故事的方式来展开人际交往时，我立刻看到了故事的魔力。

讲故事不仅让我在向别人表达自己所做事情的价值时感到更自在了，同时我还发现，它让我更自如地展开对话，从而让人们可以放下戒备，真正用心去聆听。

当然，我知道自己的目标客户是哪些人，所以我总是直接对这些人讲我的故事——这可能也部分解释了为什么我常会收到这样的回应："我也有相同的问题"或"你为他们提供的那些帮助，我也需要！"

　　但这不可能是全部的原因。

我的第一个发现

　　随着我深入研究这门艺术，我很快就明白了其中的道理。我的第一个发现是，普林斯顿大学的神经学家尤里·哈森（Uri Hasson）发现了"神经耦合"现象的证据。在听故事时，我们的大脑就开始与讲故事人的大脑同步。换句话说，我现在正给你讲故事时，你我的脑电波是同步的！听起来超酷！对吧？

　　以上这一现象从一定程度上讲述的是镜像神经元发挥了魔力。20世纪80年代，意大利帕尔马大学（University of Parma）的科研人员在研究猕猴时发现了镜像神经元。自那以后，很多其他科研人员使用功能磁共振成像（fMRI）在猴子和人类身上证实了这一现象。

　　它的工作原理是这样的：如果你看到我舔冰激凌时，你大脑的同一部位就会像你自己在吃冰激凌一样兴奋。这就是为什么当球场上有人受伤时，观众们会集体发出疼痛的喘息声。从某种程度上来讲，每位观众的镜像神经元都会让他们觉得伤痛就好像发生在自己身上一样。所以从某种程度上来讲，我们实际上也能感受到他们的痛苦。

正如哈森所发现的，我们在听故事的时候也会发生上述这种现象。如果有人跟你讲述他们摔断胳膊的时候，你也会突然感到自己的身体一阵疼痛，好像也不能动弹了，那是因为你的镜像神经元与他们的在同步。这就是为什么我们在看恐怖电影的时候会感到害怕。我们当然知道自己此时只是在电影院或家里。理性地说，自己根本没有理由去害怕。不过，我们还是觉得害怕，因为身体里的镜像神经元会自动与我们在屏幕上看到的虚构角色产生共鸣。

最终，当我们听到故事时，会情不自禁地觉得好像它就正发生在我们自己身上一样。这就是为什么当贝萨妮向其潜在客户讲述梅根对自己房子设计问题产生的那种沮丧心情时，他们好像也感受到了那份失望跟沮丧。因为他们的大脑认为自己也参与了故事中的经历。

也就是说，如果你把你的故事组织好了，还把它讲好了，当讲完故事时，你和你的听众就好像一起经历了这段旅程。大脑告诉你们，你们现在似乎有了一段共同的经历，而这段共同经历会让你们之间建立起真正的联系。

我的第二个发现

我的第二个重大发现是，故事一般会让大脑的逻辑部位暂时短路，从而让你可以直接和大脑的情感部位对话。这在社交场合中可为你带来巨大优势。

通常，大脑的逻辑部位听到事实和细节，就会思考"那

可能对我来说没用，因为……"或者"我真的有时间做这个吗？"；而我们大脑的情感部位，不分析任何逻辑细节。当它听到一个故事，它只是在听。就好像大脑在兴奋地大喊"故事时间到了！"，请站起来，尽情享受这场表演吧。

要想明白这里的原因，我们先来快速了解一下人类的大脑究竟是如何工作的。三重脑模型是一种基于进化的极度简化脑结构模型，我发现它是能用来解释上述现象的最佳模型。根据三重脑模型，我们人类的大脑基本上分为三个区域：

（1）新皮层，负责我们的意识、逻辑思维。

（2）边缘系统，负责我们的情绪。

（3）"蜥蜴脑"，负责我们的本能。

实际上，我们只能真正意识到自己在新皮层所做的思维活动，所以将之视为"思维"。然而，正如2002年诺贝尔经济学奖获得者丹尼尔·卡尼曼（Daniel Kahneman）和其他许多科研人员所证明的那样，我们的大多数决策都始于"蜥蜴脑"和边缘系统，我们称之为潜意识。通常，我们的"蜥蜴脑"会不断地寻找危险信号，将事物区分为"朋友"（即好事情）或"敌人"（即坏事情）两类。我们大脑的边缘系统将情感与我们的经历联系起来。这就是为什么在某家餐馆经历过食物中毒后，一想到再去那里吃饭，你就会不由得反胃。那是因为你大脑的边缘系统记住了上次的糟糕经历。

身为一名内向者，在社交场合里遇到别人突然主动搭话时，你可能会感到猝不及防，或呆若木鸡、僵在那里，或做出你根本不希望自己做出的一些尴尬反应；那正是你的"蜥蜴脑"在起作用。当你回到家时，可能会为自己当时说过的话或没说出口的话感到不安或生气，那是你情绪大脑在起作用。第二天，你会想"该死，我当时应该说……"；此时，你的逻辑大脑终于发挥作用了。

当出现新的细节和事实时，我们的"蜥蜴脑"开始工作，将这些信息源头识别为朋友或敌人。任何我们不认识的人或不了解的事情都会直接被归入"敌人"的范畴。

相信你自己一定也亲身体会过这种影响吧。你是否曾遇到过这样的情况？当跟某个人讲你目前所做的事情时，他还没等真正花时间去思考你跟他讲的内容，就对你说"是的，但我的情况不同"，或者"那对我不起作用"，或者"这听起来太好了，不可能是真的"，等等；或者甚至连解释的机会都没给你。这正是其大脑的新皮层迅速进入工作状态，启动了保护模式。

那些镜像神经元是在讲故事的过程中产生的，其不可思议之处在于，它们可以绕过上述那些大脑活动的"看门人"。因为镜像神经元在我们自己的大脑中被激活，我们的逻辑大脑会自动认为信息来自可信的来源。这并不是说人们总是相信别人所讲的故事，但他们更有可能会相信。另外，他们也会情不自禁地被引人入胜的好故事所吸引。

（当然，效力越大，后果就越严重：所以，请不要编造故事，也不要利用故事来推销那些劣质产品或服务。请花点时

间去寻找你内心真正相信的东西，然后与身边的人分享这些惊人的成果。）

我的第三个发现

我想和大家分享的最后一个发现源于斯坦福大学教授珍妮弗·阿克尔（Jennifer Aaker）。她发现，当将信息嵌入故事中时，人们对信息的记忆量比单纯罗列事实时人们的记忆量多22倍。

请想想这对于一些商家来说是多么有利啊，尤其是对于那些需要销售复杂产品或服务的公司来说，更是如此。

还记得在我销售电信产品的那段时间，我有时会看到其他一些销售人员面前都摆放着一堆堆产品宣传册，紧挨在潜在客户席旁极力地推销着自己的产品。我往往不太担心那种激烈的市场竞争，反而对此很感兴趣。我知道，只要把所有的信息点都嵌入一个故事，潜在客户对我所分享信息的吸收量可能比其他所有销售人员的加起来还要多。

另外，由于神经耦合的魔力，我也知道应该通过讲故事来向目标客户展示我们能做什么，而不是像其他人一样直接告诉对方我们能做什么。讲故事的过程会使我们之间无形中产生一段共同的经历，好像一起经历了故事中的事情，从而让我们之间可以建立起真正的联系，这最终会增加我的成交机会。

仅仅因为信息被嵌入故事，就促使人们对其记忆量多22倍，我知道这可能令人有些难以相信。老实说，尽管这个方法也让我取得了某些成果，但我当时对此还是难以相信。

这就是为什么在舞台上分享这些信息时，我会带着在座的所有人先进行一场心理练习，让他们自己都先接受这一事实。

我会挑选一位有主动意愿的志愿者，告诉他："现在我要你用自己的大脑记下这三样随机排列的物品：椅子、粥、床，但不能写下来。"

志愿者通常会有点不乐意地回应："好吧。"

"从现在起，一年后我会再来找你，要你告诉我这三样物品到底是什么。噢，还必须要按我当时列的顺序一一讲出来。你认为自己有多大概率记住呢？"

他们通常会笑着说"根本不可能嘛！"，但当我让在座的所有人回忆一下《金发姑娘和三只熊》（*Goldilocks and the Three Bears*）这个故事时，每个人都笑着点点头，表示明白我的意思了。

尽管你可能已经好几年都没有讲过或听过这个故事了，但我们都知道这个故事的大概情节：小女孩先坐了几把椅子，然后尝了几碗粥，最后还睡了几张床。

如果现在我再问你一次呢？你觉得自己还能按"椅子、粥、床"这一顺序准确记起来吗？当然没问题。因为信息不再是随机排列的了，而是将它们的顺序被固定在一个故事里了。

你可能不记得自己上周三晚饭吃了些什么，但你却能准确地记住灰姑娘的马车是在什么时间变成了南瓜的，因为我们都记得故事。

在谈业务时讲讲故事

当我建议人们要使用故事时，很多人都认为，他们需要准备数百个故事。毕竟，每个客户或雇主都是不同的，不是吗？拥有一个特定的目标客户群能够真正帮助你减少工作量，因为这些人大多都有同样的问题，所以你不必准备很多的故事。我认为你只需要准备三个故事，就能逐一解决你目标客户群的主要问题、需求或需要。

需要确认的3个问题

要构思3个引人入胜的故事，你只需要问自己以下3个问题：

（1）我的目标客户群目前面临哪3个主要问题、困难或其想要达到的3种理想结果分别是什么？（我们在上一章中提到过这些内容。）

（2）针对上述3个问题或预期的结果，我会向我的目标客户群推荐的解决方案、建议、策略、产品或实施计划分别是什么？

（3）我（或我们公司）所拥有的哪个故事可以说明某人也曾遇到过其中的某一困难、问题或期望的结果，然后实施了我的解决方案并取得了好的成果？

听起来很简单，对吧？

3条关于故事的建议

稍后，我会向大家展示如何组织那些故事，以便能引导、激励人们采取行动，但在此之前，我先给你们3条建议吧。

（1）请不要设想用一个故事就可以涵盖客户的所有困难、问题或期望的结果。例如，我帮助贝萨妮的可远远不止我在她的案例故事中所讲的那些内容。事实上，对于本书中我所提及的每一个人物，几乎都是如此。但当我讲述他们的故事时，我并没有把所有的细节都包含进去，只是讲了与所讨论主题相关的那些内容。因此，在贝萨妮的案例中，我只谈及了促使该公司业务年营业额在短短12个月的时间里从600万美元快速增长至1800万美元的关键要素——讲故事。虽然在故事中增加更多关键内容或许很诱人，也许它们有时可以带来很棒的效果或是使情节更环环相扣，但实际上这种海量信息灌输方式只会把你的潜在客户或雇主搞得晕头转向。请记住，你的目标是激发人们的行动，而不是隔靴搔痒！

（2）即使你觉得自己可以想出10多个精彩的故事，我还是建议你只讲3个故事即可。讲久了之后，你会发现根本不再需要别的什么故事了，你可能自己都会感到很惊讶。尽管我现在手头有几十个故事可讲，但每次在社交场合时，我仍一直重复讲着那同样的3个故事。为什么呢？因为这3个故事很有效，而且我已经讲了几百次了。现在我已经把这几个故事讲得几乎就跟讲我和我妻子如何相遇的故事一样好。（其实现在，我已经把这些故事讲得可能甚至比我们相遇的故事还要

更好一点，但千万别让她知道啦！）

（3）请记住你要讲的故事，主题并不是关于你自己，而是关于你帮助过的那个人。这就是故事能发挥影响力的关键所在。

 案例

毁了的圣诞节

我来给你们举个例子吧。

2018年，我被一家价值数十亿美元的企业聘用，教他们的销售团队如何有效地使用故事。作为约定的一部分，我们双方都同意，我将帮助他们发现、撰写和交付3个故事，且全程不做任何笔记，从而说明学习和产出故事其实很容易。

为了帮他们找到最佳的几个故事，我采访了5组销售人员。在其中一次电话采访中，一个小组向我讲述了他们的一个重大成功案例——他们帮助了一个庞大的政府机构将信息转移到了云储存上。在结束通话之前，我用了大约45秒的时间把这个故事给他们复述了一遍。其中一名组员对我能如此轻松自如并且引人入胜地将这个故事流利地复述下来感到十分惊讶，于是就好奇地问道："你是怎么做到的？"

　　"用一个公式就可以了，"我回答道（稍后我会向大家分享这个公式）。"但是，"我继续说，"我刚刚漏掉了两点，不然会把这个故事讲得更好。第一点，你们刚刚讲的故事是关于一家公司以及他们的首席信息官，但我忘了问他的名字。"

　　"戴维。"有个人回答。

　　我回答道："重要的是你们要使用这个人的名字，而不是他/她的公司名称或职位。"我接着解释，人们通常无法感受到一家公司或一个职位头衔的情绪，但肯定能感受到戴维经历一场重大技术改革时的情绪变化：比如，他对一切都有可能会出错的那种担忧，以及可能产生的问题会带给他的那种压力，同时他也对改革方案如进展顺利的话可能会对自己的职业生涯带来何种影响充满期待。其实，他的这些情绪我们都能感受到。

　　"接下来是我漏掉的第二点"，我继续对这组人员说："你们多年来一直都向戴维建议转用云储存服务，但一直都没有什么进展，对吧？那为什么他现在突然就决定要考虑了呢？究竟是什么改变了他的想法呢？"

　　他们都不知道答案。

　　实际上，大多数人对于自己所讲的故事，往往不知道其中的所有细节。虽然这一现象的确很常见，但这并不意味着你应该忽略这些细节。就像那个印刷商乔恩·哈里斯

一样，你需要拿起电话来找出答案。即便你认为自己已经掌握了所有的事实，我还是建议你这样做：拿起电话，问出真相。往往那些连我们自己都没有想到的细节最终却变成了故事中最精彩的部分。

我们后来才发现，戴维一直抱着一种"如果没坏，就别修了"的心态。但就在圣诞节前夕，他们公司的服务器全都崩溃了，导致他们连工资都无法按时发放。

你能想象到戴维当时面临的那种种压力吗？如果你自己就是戴维，面对公司上下员工无法领到工资，而你就是责任人，更要命的是当下又马上到了年底消费旺季这一关键节点，这正是人们最需要花钱的时候；整个圣诞假期无时无刻不在担心随时都可能失业的问题，夜以继日地加班加点，只求系统能尽快恢复正常；还要为自己给整个团队及其家人所带来的压力感到内疚和自责，因为这些导致他们与家人在几乎整个假期都无法团聚。

戴维讨厌自己就是那个"罪人"，从而毁了所有人的圣诞假期。所以，就像任何人都会做的那样，假期一结束，他立马就决定将公司所有信息都转移至云储存，这大大降低了再次出错的概率。

大家看到我后面补充的这些内容对整个故事产生的影响效果了吗？——我们添加了圣诞节前夕公司所有服务器全部崩溃的惨痛细节；戴维所负责的整个部门都不得不加

班工作而无法与家人一起度过圣诞假期；整个公司的员工都无法收到节日礼物；甚至有些员工因为交不上房租而导致房东在过节期间还跑上门来催租……所有这一切，当关联到它是如何严重影响到戴维个人时，就变成了一种可以引人情感共鸣的真实故事。

我仅用了3个故事，就推动了我的业务快速增长。我的大多数客户也都采用了这种模式，即便是那些身价数百万美元的大客户也都如此。我们并没有将精力放在创作更多的故事上，而是确保每一个故事结构完美而富有情感，并且以现实生活中的某个人为中心。我们专门花了一些时间去用心了解故事的每一个细节，考虑了其中的每一个部分，并严格做到在每个故事中只分享一条经验教训。因为所投入的那份精力、所花费的那些时间，还因为没有把事情过度复杂化，所以我们的故事现在几乎屡试不爽。

那么，如何讲一个好故事呢？其实很简单。

好故事的结构

有影响力的故事的构成

一个有影响力的故事要包含4个主要部分：

（1）问题、需要或需求：第一部分，首先你需要谈论一

下现实生活中的某个人在遇到你之前的"事先"状态。对方在遇到你之前，生活是什么样子的？他们的人生目标是什么？兴趣点又在哪里？经历了何种痛苦？当时又面临哪些问题？是否曾担心自己可能失业或丢了年终奖？又是什么让他们夜不能寐？是否存在一些连自己都没意识到的隐形成本？请详细描述一下他们的工作和个人生活。他们遇到的这些问题让自己在经济上和情感上又付出了什么代价？他们的家人/老板/员工/客户为什么会对他们产生不满情绪？请着重描述一下这些情绪；让你的听众对他们所处的困境真正感同身受，就如同自己也在经历着同样的苦恼和心酸。建议你将故事35%的时间放在这部分上。

（2）**分析与实施**：第二部分，你需要分享一下此人顿悟的经历、实施建议的过程以及其经历的整个旅程。请记住，整个故事的主题并不在于你。所以尽量不要用"我做了这个，我建议了那个"之类的语言，而要尽量使用更多的协作性语言，比如"当我们一起实施第一阶段时，戴维看到将信息转移到云储存这一过程是多么便利，然后终于松了口气"。其实关于以下这一点，我再怎么强调都不为过：请不要说教。你一定不希望唤醒听众的逻辑大脑吧。你要让你的听众认为"故事时间到了！"，该尽情享受这场节目了。我建议你在这部分上最多花20%的时间。

（3）**结果："事后"状态**：第三部分，你需要总结一下事后所节省的成本、避免的麻烦以及获得的结果。对方是赚了钱还是止住了亏损？他们是否变得更健康、更苗条了？他们是否更快乐了、压力更小了或是晚上睡得更香了？他们是否在家陪孩子的时间更多了？是否还有什么意想不到的好处？请描绘出一幅美好的画面，也就是你的听众真正想要看到的那种结果。一定要强调事后故事主人翁所得到的情绪缓解或其他益处。建议你将故事35%的时间都集中在"结果"这部分内容上。

（4）**寓意/深度总结**：最后一部分，请永远不要让你的听众自己得出结论，因为你永远不知道他们的思想会走向何方。讲故事的人总是认为故事的寓意显而易见，似乎对每个人来说都是如此。但请不要任由你的听众自己去总结，而是要像童话故事或伊索寓言的结尾那样，亲自把故事的寓意给讲出来。《实习医生风云》（*Scrubs*）是我成长过程中最喜欢的电视节目之一。在此剧中，主人翁杰迪在每一集的剧末总会告诉你他从这一集的经历中学到了什么，这才让我明白了每一集的核心信息。如果没有它，我可能会完全不明白整个故事究竟在讲什么。因此，在你的故事结束时，你要让听众明白他或她自己为什么需要帮助，然后要让他将你视为可为其提供帮助的最佳人选。实际上，没什么比一段强有力而清晰的寓意总结更能让人明白这一点了。建议你将故事最后10%的时间用在这里。

将问题需要或需求具体化

请记住，你要向你的听众证明你完全理解他的问题、需要或需求，而非只是了解你所提供的产品或服务。要做到这一点，关键是要将其问题、需要或需求具体化。我发现大多数人只是谈及那些问题的表象，说一些诸如"客户没有足够的客源，所以客户想要更多的客源"之类的表象之辞。但事实远非如此。所以，接下来我们得花点时间来开阔你的视野。

一个问题通常存在3种成本：

（1）**经济成本**：这一问题给他们造成了哪些损失？包括损失的金钱、浪费的额外劳动力和材料、流失的客户、错过的最后期限、产生的罚款，等等。他们在现实生活中具体损失了多少钱？

（2）**机会成本**：这往往会是一笔更大的金额，或者说影响更大。他们在潜在机会方面付出了什么代价，比如可能错过的转介绍、回访业务、潜在客户/项目/合同？这一问题是否影响了他们减掉体重、实现目标，让他们在工作中承担更高的岗位职责、花更多的时间陪伴家人？换句话说，他们所面临的重大问题是否影响了他们得到或接受其他某些东西？

（3）**情感成本**：这一问题对他们自身及其家人、员工以及任何其他利益相关者造成了什么影响？这个问题是否给他们带来了压力、担忧、焦虑、不安？这个问题是否让他们的家人感到自己被忽略了或不被重视，甚至令他们伤心难过？

案例

一个充满魔力的故事

接下来，我来跟你分享一个故事，或许可以帮助你更好地明白上述这些成本都是如何同时产生的。

在我刚刚开始销售国家认证教育课程的那段时间，有个小企业主预约了我的课程，他叫乔，是一位电气商。

起初我还很开心，因为自己又敲定了一单业务，不过后来才发现乔的办公室在利利代尔（Lilydale），离我的办公室大约一个小时的车程。所以去的路程得花上一个小时，开会得花上35~45分钟，回来的路程还得花上一个小时，这样算下来，这趟行程总共要占用我整个上午的时间。

我最终达到了目的地，然后我们就在他的办公室坐下开始聊。我像往常一样问了他一个常规的问题："乔，你生意上遇到的最大问题是什么？"

"我生意上目前还真的没遇到什么问题。"我大概可以猜到他内心八成在想："这个小子究竟是谁，为什么一直想要让我承认自己遇到了问题呢？"

"真的吗？因为过去30天里我跟很多电气商都聊过，最近聊的60个都说他们有……问题。你确定这些问题你一个都没遇到过吗？"

在这个阶段，客户通常都会说："噢，事实上，我也

101

遇到了这些问题，除了这些，我还有其他几个问题呢。"
这就是有一个特定目标客户群的好处，因为你对他们的了
解比他们对自己的了解还要多。然后他们自然会放下戒
备。于是，你就从销售员变成了顾问，接下来他们会愿意
告诉你一切。

而此时的情况却并非如此，乔的回答却是："是的，
我真的没遇到什么问题。"

我还记得自己当时就在想："天啊，接下来我该怎么
办呢？我大老远地一路开车赶过来，我可不想就这样白白
浪费自己半天的时间呢！"于是，我突然提高了嗓音，又
问了一次："你难道真的没有遇到任何问题吗？"

他挠了挠下巴说："唔……如果一定要我说自己遇到
了什么问题的话，我想那应该是……有时我的员工完工后
不打扫施工现场。"

于是，我立马指着他那原本密不透风的头盔上那条细
长裂缝，问道："收拾这个需要花费你多长时间？"

"要不了多久。大概需要半个小时的时间吧，因为我
还得把它送回去清洗呢。"

所以他的经济成本几乎是零。我们再来看看机会成本。

"我能问你个问题吗？你现在还会亲自接待客户吗？
我的意思是说，你自己本人还会去做这项工作吗？"

"当然，但没有像我的员工那么频繁了。我现在可能

一个月就接待10个客户吧。而我手下的每位员工一个月接待的客户比我的可多多了，基本上都是我的4倍。"

"好吧。"我接着又问道，"你接待过的客户会帮你引荐别的客户吗?"

"当然啦，他们经常会。大概每10个中至少有3个会这么做吧。"

接下来，我让他谈了一下那些引荐和新业务的质量。我们发现，那些新客户打来的电话通常都是些小业务——比如有人想安装一个吊扇。而真正赚钱的都来自引荐，那至少都是上千美元的大业务，比如给整个工厂重新布线。

"哇!"我回应道，"那你的员工也会像你一样经常得到客户的引荐吗?"

"有时会，但如果他们一个月能得到一两个引荐，就算运气不错的了。"

现在我可以根据他给我提供的数据来帮他算一笔账，让他知道自己到底损失了什么。"所以你告诉我，你每接待10个客户，至少会得到3个引荐客户，从他们那里至少会赚到3000美元，有时甚至更多;而你的员工接待的客户数量是你的4倍，但他们可能也就只能带回来2个引荐客户，对吗?"

"是的。"他回答，脸上带着困惑。

我紧接着又说:"其实这让我很担心，你知道吗? 不

103

过，显然你每个月接待不了那么多客户，但是如果是你每个月去接待那40个客户而不是你的每位员工，那么你至少会得到12个引荐客户，也就是说你会从他们那里至少赚到12000美元，而非你的每位员工实际仅赚到的那2000美元。所以你每位员工每个月会因为那流失掉的10个引荐客户而让你损失10000美元。你一共究竟有多少位员工？"

乔的神情渐渐有了些变化，似乎对我说的产生了些兴趣，然后回答道："5位。"

"天啊！所以说，你每个月可能会因为引荐客户流失而至少会损失5万美元。你有没有想过，你的员工之所以没有得到客户那么多的引荐，或许就是因为他们完工后总忘记打扫施工现场呢？难道你不觉得或许是因为他们从来没有接受正规的客户服务培训，所以才导致他们认为完工后打扫施工现场并不是那么重要？我想知道他们也许还做错了别的什么，而你却根本没有意识到？"

"哦，我从来还没有这样去想过呢，或许你是对的！"

所以我们发现了一笔巨大的机会成本。接下来，我们再来看看情感成本。

然后我问："乔，现在你也意识到了你的员工因为完工后总忘记打扫施工现场可能会让你每个月损失5万美元，这会让你感到有压力吗？"

"好吧，现在有了！"

我接着说："现在我问你一个问题：你是否遇到过这种情况？——某个周五晚上，就在你正要回家的时候，突然接到一个客户的投诉电话，抱怨你的某位员工完工后没有打扫施工现场，所以你不得不亲自跑去帮客户打扫，最后导致你错过了孩子的独舞演出或足球比赛。"

"这种事经常发生！事实上，我女儿现在连话都不跟我说了，就是因为我上周错过了她的学校演出。但我能怎么办呢？如果不这么拼命赚钱，怎么养家呢？家里那大笔大笔的开销要怎么解决？只要点评（Yelp）网站或谷歌（Google）评论中出现一条对我们的差评，我们就完蛋了。"

销售人员多年来一直都明白这个道理：人们通常用情感大脑做出决定，然后用逻辑大脑来证明他们的合理性。从情感大脑出发，一旦乔意识到他的问题给他带来了多大的损失，他就立马买单了。他想马上就开始。因为经济成本和机会成本给了他逻辑大脑一个充分的理由来证明他的决定是合理的。

后来，每当我去参加那些社交活动时，这个故事成了我最喜欢分享的故事之一。按照上面那个时间分配公式，我花了大约35%的时间来讲述乔起初是如何认为自己没有任何问题的，后来才发现了自己微小的经济成本、巨大的机会成本还有那影响他和家人的沉重情感成本。然后，我又花了大约20%的时间讨论我们如何为他的团队提供专业

的客户服务培训，他们如何喜欢这种"快速通道"模式，他们如何欣赏我们专门针对特定行业所提供的专业培训，他们如何享受这整个经历——这里特别值得注意的一点是，其实商人们真正享受课堂培训是多么罕见。

接下来，我花了大约35%的时间来讨论结果：

（1）乔每周节省了几个小时的工作时间，不用再专门让他的员工返回去打扫施工现场或自己亲自跑去打扫。

（2）他不用再做广告了，因为他得到了非常多的引荐客户，足以让他忙得不可开交（我们后来才发现，我们自己也节约了一大笔广告费，多亏了他帮我们写了一封评价极高的推荐信）。

（3）在短短几个月内，公司的业务也发生了翻天覆地的变化：现在每位员工平均每拜访40个客户就会有7到8个客户引荐，而之前仅有可怜的一两个，就这还跟碰运气似的，这一变化意味着公司每个月至少能多赚25000美元，或者说每年至少能多赚30万美元（实际上，公司的业务翻了一番）。

（4）现在他的家庭生活也变得更加幸福了，因为他对自己的生活和时间有了更多的掌控自由。他可以分配更多的时间来陪伴家人，他们现在又和好如初了，他有时还以此来跟家人开玩笑。

接下来，我总结了这个故事的寓意。"所以，虽然你以为自己在生意上没有遇到任何问题，但往往正是那些连你自己都没意识到的问题，可能会让你损失数十万美元。请想象一下，如果乔早一年遇到我的话，那他的银行账户至少会多出30万美元，更不用说帮他节省的那一大笔广告费了。那样的话，他还会多有一整年的时间来陪伴他的家人，说不定他们会过得更加幸福。"

现在请大家再想象一下，如果你是一名电气商，以为自己没有遇到任何问题，然后我给你讲了这个故事。难道此时你不想邀请我到你的办公室深聊一下，或者至少一起喝杯咖啡、聊聊天，以确定你自己是否百分百是对的，自己是否真的就没有遇到过任何问题？

这就是一个条理清晰、内容饱满的故事具有的魔力。

同样，它也正是你建立人脉的秘密武器。

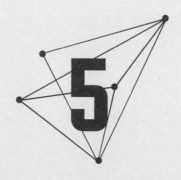

第五章

我们的与众不同定义了我们

如果你生来就与众不同，

何苦非要融入这群乌合之众？

——美国著名儿童文学作家

苏斯博士（Dr. Seuss）

惠特尼·科尔的理想事业很快就成了场噩梦。

她作为一名文案撰稿人和内容策略师起家，刚开始一切都很顺利。她成功争取到了4位客户，每人预付给她2500美元。她做着自己热爱的工作，还可以自由支配自己的时间。一切看起来都很美好。

可惜好景不长，这种稳定的收入持续了一段时间，之后在短短几周内原本的4位客户突然间就只剩下2位了。

随之，收入也相应减半。面对这一现状，惠特尼立即采取了行动。但是，在努力寻找客户的同时，她还要面对竞争日益激烈的新型全球市场的各种不利现实。这是她人生中的第一次：不仅要跟当地公司和自由职业者竞争，而且还要跟来自世界各地的同行竞争。其中许多公司可能挣扎于生计，甚至愿意把价格降到最低。渐渐地，她还意识到自己还得跟数百万名数字游民进行竞争，他们很多生活在泰国或哥伦比亚的海滩，享受着低廉的生活成本。因为其生活成本很低，所以他们也大都愿意挣那份微薄的收入。

惠特尼觉得自己陷入了一个大众商品化的行业。在这个行业里，人们觉得长期预付定金并没什么好处，她甚至感到有些压抑，因为她不得不跟行业内其他竞争者一样把价格定得极低，甚至低得有些离谱。虽然自己现在加倍努力工作，

但挣的钱却少了很多，而且还没有实际收入保障。

这原本已经算得上是够艰难的了。在接下来的九个半星期里，她好不容易刚开始适应我的计划，但情况又变得更糟了。她的一位客户决定不再将项目外包给她做，这使得她原本的两位固定客户现在只剩下一位了。我至今仍然记得，惠特尼在初次访谈中告诉我，她那时的收入比她支付的托儿费还低。如果我们不能帮她尽快解决问题，那她的小企业就完了。

幸好，到那个阶段，我已经对惠特尼的生意做完了评估，还为她准备好了一份计划。其实我在评估的过程中，特别注意到，她似乎对医疗科技领域很感兴趣。虽然她没有特别提到自己与医疗科技之间有什么渊源，但我总能感觉到，她讲给我的每一件事，字里行间里似乎都透露着某种东西。当我问起她这件事时，她对我的提问表示很惊讶，说道："真不敢相信你竟然注意到了这一点。其实，我一般真的不怎么跟人提这个，但是……"然后她又接着解释说，如果不是新型医疗科技的发展，那她很可能就不会在三次心脏手术中幸存下来了。她说话的时候，我能从她的声音里感受到她内心的那份激情，好像在说：是医疗科技挽救了她的生命！

我接着说道："那我们一起来寻找你内心的那份激情吧。不过我要先问你个问题：你看，像可口可乐和红牛（Red Bull）这样的知名公司，尽管它们的产品对人体健康可能会有负面影响，但它们都有着庞大的营销预算，各式各样广告充斥着各种媒体渠道，这使得许多本可以改善人们健康、拯救人类生命的医疗技术却很难在这种喧嚣纷杂中被人们注意到。面对这一现状，你是否会感到有些沮丧呢？"

"会啊，非常沮丧！"

"那我是否可以这样说，学习一些新的、有针对性的营销策略，能让你从中获得很多乐趣，而且你也喜欢将这些营销策略与自己已有的知识结合起来，帮助那些以使命为导向的医疗科技公司穿过那层喧嚣，让他们的产品呈现在那些急需的人面前？"

"天啊，你竟然猜对了！是这样的！"

"那太棒了！我想到了一个你可能会感兴趣的目标客户群。不过现在，请你先告诉我，为什么这些公司会在内容营销或营销策略上遇到困难呢？"

"原因很简单，他们都犯了同样的错误。"惠特尼解释说，大多数医疗科技公司在撰写营销文案内容或在社交媒体上分享帖子时，并没有真正考虑到其目标客户群的兴趣或需求点在哪里。这导致他们分享的那些东西，要么一心想着如何给他们的高尔夫球友留下深刻印象（比如吹嘘自己获得了某轮新的风投资金），要么想着如何在电子或纸质宣传册中突出自己产品的新功能（却没有真正向其潜在终端用户解释这些功能究竟对其有何意义）。

她接着说："他们通常在电子宣传册、社交媒体管理和内容营销上花费数万美元后，也没看到什么实际效果，于是就放弃了，然后又将那笔预算重新花在付费广告上。这样就开启了一种恶性循环，因为他们一旦停止广告上的预算投入，其潜在客户池很快就会枯竭。"

她当时对这个潜在市场的理解程度给我留下了深刻的印象，在我提到之前，这个市场对她来说只是另一个客户群体。所以我进一步追问她："惠特尼，你认为自己能为这些客户做哪三件事，来帮助他们解决这个问题呢？（这其实是我们之前探讨过的那个问题：你认为自己的目标客户群目前面临的三个主要问题是什么？现在我只是又换了一种说法罢了。）"

"很简单。"她说，"第一，我会帮助他们明确自己的定位，这样我们就可以确定我们的目标客户，以及他们为什么需要这些产品。第二，我会审核他们当前的文案内容，让他们意识到，他们在任何一种营销渠道上所分享的那些内容与他们的定位根本没有任何关联。然后我会绘制出一张文案内容想法图，让这些文案内容想法直接聚焦于他们的定位，然后我可以在接下来的几周或几个月里去编写、填充这些内容。第三，由于内容只有呈现在正确的受众面前才能发挥作用，所以我会为他们制订一个具体的计划，确保他们在正确的时间以正确的渠道分享正确的内容"。

我回应道："惠特尼，这是个很棒的方案。我知道提供长期文案是你原本工作的核心内容，但先听我讲完，如果你暂时放弃这项业务，那么你就具备了我称之为'特洛伊木马程序包'的条件。"

我解释说，很多潜在客户（无论在哪个行业）都不愿意承诺长期订购你的服务，尤其是与刚刚认识的人合作时更为如此。虽然我们也可以设计一套完美的销售流程来克服这个问题，但我觉得我们可以重新制定决策，从而让销售变得更简单。

"特洛伊木马程序包"的首要目标正如其名：打开入口防线，找准用户的攻击弱点。如果惠特尼没有向其新的潜在客户提及长期文案业务，那么她可以先试着将自己定位成值得信赖、不偏不倚的第三方专家，使客户打开内心的那道防线，从而帮助身陷困境的医疗科技公司找出当前营销策略和文案内容不起作用的真正原因。

接着我向惠特尼解释说，这样一来，她就可以将那些受欢迎的建议方案定价为3500美元，一旦对方听到她建议的长期文案内容创作方案后，这些公司的首席执行官很可能就会直接跳过提案环节，立即聘请她来撰写文案内容。无须自荐，就能签下长期客户。

惠特尼听后，似乎对这个想法产生了兴趣，于是回应道："那真是太棒了！"

现在，惠特尼掌握了让她在医疗保健行业占据主导地位所需的一切要素，不过，她距离成功还差最关键的一点：如何让自己从同行里脱颖而出。

我向惠特尼解释说，不管她有多么伟大的想法，也不管她对这个行业有多大的热情，只要她把自己介绍为一名文案撰稿人或内容策略师，人们就会把她归入他们以前经常忽视

的那同一类人中去。

"你需要定义你是谁,而非你的职业技能。"我说,"你的技能本身并不能说明你的独特之处、你的激情、你毕生的专业知识。你需要以一种独到的方式定义自己,让自己变得独一无二。由此考虑,那为何不称自己为'使命专家'(Mission Maven)呢?"

我觉得这个名字很适合她。

"使命(mission)"一词指的是她擅长帮助医疗科技公司完成其使命。"专家(maven)"一词的定义是"拥有特殊知识或经验的人"。专家这个词来源于希伯来语"mebin",意为"知识渊博的人,老师"。

我把这两个词的意思解释给惠特尼之后,她就喜欢上了那个称号。

"现在,不要别人一问到你是做什么的,你就习惯性地用自己的职业技能来回应,你可以说'我是使命专家',然后就不要再说什么了,接下来静等对方的信号就可以!这句话将会改变你们第一次对话的整体平衡。因为对方会不自觉地对其产生兴趣,然后他们就禁不住会问:'那是什么?',而这其实就是对方主动邀请你进一步解释和交流的信号。"

不久,惠特尼就准备好跃跃欲试了。她清楚知道自己的目标客户是谁,并且也很热衷于为之服务;我们已经帮她准备好了她要讲的故事和详细的销售流程;她也有自己的一套包装和定价模式;此外,她还有着一个独特的名字,这可以激发人们的兴趣，从而让她变得与众不同。

我们面谈还不到45天，惠特尼就以"使命专家"的身份通过使用"特洛伊木马程序包"赢得了她的第一位客户。完成先前约定后，惠特尼向客户介绍了销售策略建议，甚至还提到对其工作范围内方方面面的建议。当她向客户提到要确保雇用人员都能胜任其工作时，客户打断了她，说道："你就不能帮我们做吗？"

她按照我们之前定好的话术回答道："我们确实与一些特定的VIP客户合作，因为这可以让我们不断尝试一些新事物，保持在行业的领先地位。我承认，我们很喜欢与您以及您的团队合作，因为我们真的认为您的产品可以为那些有需要的人带来很多益处。所以，我们当然很乐意和你合作这个项目。费用是每月1万美元，您觉得可以接受吗？"

客户回应道："太好了，那就这样定了！"

想想这是多大的转变。之前，惠特尼每月仅能靠那微薄的客户定金收入2500美元，这还得靠自己去强行推销；而现在，她变成了"使命专家"，受邀作为专业医疗技术领域的专家顾问为人们咨询解决问题，其间并不需要参与什么业务招揽过程，也不需要所谓的"销售"过程。

几个月内，她通过这一策略赢得了多位客户，每月经常性收入增长到了3.5万美元。

不久之后，一家大型数字营销公司对她的业务产生了兴趣。惠特尼曾在一次社交聚会上遇到过这位创始人，他对惠

特尼能如此轻松地应对那些原本难以接近的医疗科技公司印象极为深刻。他认为，她的与众不同正是其成功的关键，于是他就提出想买下她的整个公司。

如今，这位"使命专家"在一个更大型的公司里领导着自己的部门，可以自行安排工作时间，或者必要时候指点自己的"使命专家"团队。现在回头想想，就在18个月前，她差点就放弃了自己理想的事业。

虽然惠特尼的成功有很多因素，但自称"使命专家"才是首要关键点，因为这让她在一个原本无法进入的市场成功引起了对方想进一步了解的兴趣。

这就是我所说的"统一话术"（UM）的力量。它就如同拼图中那神奇的一块，也如同催化剂一般，可以激发你目标客户群的兴趣，让你的业务快速增长。仅仅就那一两个或几个精准的词，便会彻底改变你的事业或职业轨迹。

记得第一章中的夏琳吗？还有她打造后院景观的滚滚热情，还记得吗？当有人问她是做什么的时候，她没有立马想到要向别人分享她的激情和使命。请想象一下，如果有人刚一开口，就开始滔滔不绝地跟你分享这些，你会是什么反应？你一定会想："哦，我的天啊，我并没有问她的人生目标呀，我该如何摆脱这位女士呢？！"所以，她当然不会说："哦，我是专门为他人打造漂亮的后院景观的。"只要她一开口，人们肯定就会问她是不是一名景观设计师或园艺师？然后她就会立马回到自我防御模式，解释说她并没有持有那种专业资格证书，或者根本没有做过那些脏活。

相反，她只是简单地称自己为"自然和谐者"。

"统一话术"是吸引人们向你靠近的诱饵。它是在人际交往中正确开启对话的钥匙，这样你就不会觉得自己是在推销或者感觉自己不真实。它不仅适用于那些刚开始创业或刚刚步入职业生涯的基层人员、中层管理人员或挣扎求生的自由职业者，还适用于那些身家数百万美元的企业创始人，它甚至对我也有用。这就是这个想法的起源。

人们说："需求是发明之母。"我认为这句话说得简直太对了。

一个失误，改变了一切

我在前面告诉过你们，不要用自己的职业技能来介绍自己。但在我刚搬到美国的时候，自己却这样做了。直到今天，我还清楚地记得当时刚到的那会儿第一个问我是做什么工作的人。我和那个人住在同一栋公寓楼里，我礼貌性地问了他是做什么工作的，他说他自己开了一个健身房。自然，他也礼貌性地回问了我同样的问题。可惜，我当时根本就没有准备好如何回答。

我在澳大利亚墨尔本的一个工薪家庭长大。就在圣诞节前几周，我被解雇了，那是我的第一份全职工作，高中刚毕

业的我能找到的唯一工作就是做上门推销员——这对咱们内向性格的人来说很可怕，对吧？我第一天去做上门推销，就被拒绝了92次，后来，我开始利用晚上的业余时间在YouTube上看视频，自学如何做销售。经过整整6周的刻苦练习和销售实战，有一天，我的经理突然把我叫进他的办公室，告诉我说我是公司里表现最好的。自然而然地，经理提拔了我，并给我分配了一个20人的销售团队。后来，我的销售团队也越来越出色，我在一年内又接连获得了6次晋升。最终，我决定自己创业。在不到一年的时间里，我们团队创下了100多万美元的销售业绩。在接下来10年的时间里，我又创下5个价值数百万美元的伟绩。而现在我全身心投入了新的兴趣点：利用自己多年来所学到的经验，去帮助小企业主。

而这些经验我该如何用精简的话语快速表述出来呢？

我本可以说："这可很难解释。"不过，对所有读者来说也确实如此。我们一生中都会有独一无二的经历、成就、感悟、学识或人生观。事实上，我们的经历丰富多彩，却没有人愿意关注。或者说，通常人们向对方提出一个简单的问题之后，都不情愿得到长篇大论的详细回答。那么，我该如何在保证可理解性和真实性的前提下，用简洁的言语向别人传达我毕生的经验呢？

我决定用最简单、直接的方式表述。

于是，我告诉他："我是一名销售培训师。"

他听后态度瞬间冷淡下来，然后开始和我讲他几年前聘用过销售培训师。从他的描述来看，他认为销售培训师无异于江湖骗子。而此时此刻，他看我的眼神就仿佛我也是江湖骗子一样。

很多人以自己的职业技能来介绍自己时都会遇到这种情况，你的听众一旦有和你职业技能相关的糟糕经历，你就也会被他们扣上"坏人"的帽子。

"嗯……老实说，朋友，我不只是一个销售培训师……"我结结巴巴地说道，试图将自己赶快洗清。我试着向他讲述自己曾经从事过的销售工作，以及我是如何理解销售的——我认为销售是一个更广泛、更全面的营销战略的重要部分。但此时我仿佛能感觉到我已经失去他的信任了。更糟糕的是，我那苍白的辩护，听起来都像是在推销。自那以后，我与他之间连朋友都算不上了。

事实上，我当时并不是想以任何方式推销自己，而只是想着，自己刚搬到一个陌生的国家，想和某个人建立一段友谊，而恰好他看起来又好像很友善的样子。当时，我背井离乡，离开了之前的一大群朋友，来到了这个陌生的城市，这里我一个人也不认识。他问我做什么工作，我就直接回答了他。然而这却让他联想到我要向他推销什么，硬是给我扣了个"坏人"的帽子，并拒绝与我深入交谈。这个伙计住的地方离我只有几户远，我每隔几天就得经过他家门前。自那以后，每次经过的时候，我们都感觉有些尴尬。

这太伤人心了，我可不想再有这样的经历了。接下来好

几天，我发现自己脑海中一直不断重复着这个场景，因为这不像拜访陌生客户那样，如果在这一家遇到了不愉快，转身去下一家时就能抛在脑后。对我来说，他的拒绝就好像是对我的为人都否定了。所以我一直在指责自己："马修，你为什么非要跟他提起你的工作呢！"

后来发现，我当时与他的那段对话成了值得我庆幸的经历，因为我对此不断地反思，最终找到了解决方案。

接下来的一次，又有人问我是做什么的，我当时已经准备好怎么回答了："我是帮助小企业业主的销售和营销培训师。"

那人说："哦，这样啊，那挺不错的。"然后就没再说什么了。她觉得她了解我是做什么的了，而且她也不需要，就终止了对话。为了让对话继续下去，我提了一个过去常问别人的销售方面的问题："那么……你的生意如何，有遇到什么问题吗？"当然，现在回想起来，这样聊天根本行不通。我几乎都连问候招呼都没打，就想把那次对话变成一次销售会谈。她参加社交活动是为了结交朋友、建立人脉，而不是被人推销。对我来说，在社交场合聊天时向人推销，这种交流方式感觉比在午餐时间到一家陌生的三明治店向人推销还令人尴尬，至少，在陌生的三明治店还可以说是被人误导或不受欢迎。我立刻感觉到了自己刚刚的那种交流方式听起来还是像在向人推销，可能会让人感到不舒服。

当时，由于我还是不知道如何解决这个问题，接下来又一次有人问我做什么工作的时候，我就以同样的老方式介绍了自己。这一次，他给我的回应是："哦，我刚好在找一个营销人员——聘请你的话，需要多少钱呢？"

这又是个问题。我之前做销售的时候就知道，在完全了解客户的需求之前，永远都不应该回答这个问题，但这在社交场合聊天中却根本不适用。他只是想知道我要的时薪……他可以依据我的报价，与他之前谈过的其他营销人员进行对比，来判断我是否在他的考虑范围内。我被困在了两难之间：要么展开不受人欢迎的长篇大论惹烦他，要么给出一个很可能让我错失良机的报价。这两种选择对我来说都不利。

后来还有一回，有人直接跟我说："哦，我之前请过一个营销培训师，但并没有帮我们赢得什么新客户。"

总之，那次的对话不仅让我感到很尴尬，我甚至感到内心有些痛苦。我本想说："等等，你先听我讲。我比他更好！我跟他不一样！我有法宝！"但她根本不在乎。

我清楚自己并非"只"是一位销售培训师，也并非"只"是一位营销培训师。只要我一开口讲话，我就能把一切都解释明白，但我意识到，当我用职业技能去定义自己时，人们总会给我贴上职业标签，认为我是在推销。从那以后，我就像一只困在桶里的螃蟹，逃不出推销的坑了。

我敢肯定，同样的事情也经常发生在你们身上吧。比如，"我是一名程序员""我是一名房地产经纪人""我是一名人力资源专员""我是做客户支持的""我在呼叫中心工作"。当你这样介绍自己的时候，别人便会根据你的服务职能将你

按类划分。

服务就类似于商品。商品一般理解为一种材料或产品，看起来跟其同类竞品没什么两样。比如，牛奶就是牛奶，大米就是大米。现如今，就连电视这样的复杂产品在某种程度上也变成了商品。同类商品之间没有什么实质性的区别，所以我们大多数人觉得选哪一个都无所谓。

不过，这一点你也不能责怪和你交流的人，因为这并不是他们的错。这就是我们大脑的自然工作方式。我们的大脑都倾向于通过联系已知的事物来理解新事物。

当西班牙征服者登陆中美洲时，土著居民以前从未见过马，当时北美和南美都没有马，所以他们把马称为"大狗"。我们的大脑在不停地处理、消化各种信息，去试图理解身边万物，即便有的实际上毫无干系，也能在其间创建起联系。我们的大脑喜欢把事物划分成简洁有条理、易于理解的类别。

在我看来，人们把我和其他销售培训师划归为同一类别是没有意义的，因为我对销售的看法以及我能提供的价值是独一无二的。别人怎么可能拥有跟我毕生完全一样的技能和经验呢？试问自己，以你个人独特的经历和成就，其他同行怎能轻易替代你？所以，我是与众不同的，你也是。但如果你没有在一开始就传达出这一点，听众的大脑就会自动将你和其他同行归为一起……即使你和他们根本不同。你也清楚第一印象的重要性：一旦形成，就很难改变。

我意识到，要想跳出这个被大众化的怪圈，就需要先跳出此圈去思考。我需要在回答"你是做什么的"这个问题上，做到以下几点：

（1）避开我的竞争对手。

（2）让对方知道自己能提供给他们什么结果或价值。

（3）表达出自己的激情和使命。

（4）不要把自己局限在太具体的事情上，因为那样很难会让自己成长和改变。

换句话说，我需要一句能囊括所有的话。它并非一个口号，也不是什么标语，而是在精神层面上能定义自己的某种东西。就在那时，我突然就想到，为什么不自称"助人快速增长的人"（Rapid Growth Guy）呢？

受邀分享

那么，我是如何将自己的"统一话术"自然地运用到日常对话中的呢？

在做自我介绍时，我几乎总是第一个问对方是做什么的。作为一名内向者，我的天赋之一就是专注地倾听对方所讲的内容，并适时参与其中，与对方发生一些互动。对方的反应我也会去感同身受，并表现出自己内心真诚的关心和兴趣，然后再进一步问对方一些问题，使得交流更加深入。而当轮到我说话的时候，我总会有一定的机会表达自己的见

解、建议、忠告、指导，或者只是纯粹表露兴奋之情。

不知不觉间，对方就已在深入地谈论自己了。与之前社交场合里往往会遇到的那种尴尬回应和生硬交流相比，这种变化让人感觉，整个谈话气氛愉快了不少。

我通常会尽可能向对方提供有价值的信息，并对他们表现出对其由衷地感兴趣。人类的互惠本能［引自心理学家罗伯特·西奥迪尼（Robert Cialdini）的《影响力》（*Influence*）一书中的概念——互惠原则］会促使对方也还我以同样的礼遇。最终，我们结束了关于对方单方面的谈论，或者他们自己意识到整个对话光是在谈论他们自己，对方便会说，"哦，我的天啊，我还都没有问过：你是做什么的呢？"而我总是会回答："我的工作是'助人快速增长'。"我一般不急于向人解释自己的热情或使命，我也不会直接就开始讲故事。事实上，我根本不做任何解释。我反而很自然地就讲出了这句话，就好像在说"我是一名销售培训师"那样脱口而出，我表现得就好像对方应该知道我说的是什么意思一样。

不久，对方的心理状态就从戒备、准备好被推销、害怕我向他们兜售什么东西，转变为放开戒备、产生好奇心和兴趣。他们通常都不禁会问："你说的那个到底是什么意思呢？"

作为一名内向者，没有比受邀分享更好的了。当我被邀请分享我的职业时，我感到全身上下发生了奇妙的化学反应，肌肉放松下来了，呼吸也变得轻缓了，不再会感觉到自己是在向他们推销了。因为我是他们身边唯一一位"助人快速增长的人"，我不再会陷入对方的预设中，也不再让人觉得好像与我交谈就跟要收费似的了。

"统一话术"是你吸引潜在目标客户或雇主的必需品。它会像弹弓一样，可以帮你精准击中要害，让你直接进入一段关于你是谁、你能提供什么样的价值的对话中去。

它如同一张使你占有绝对优势的比赛入场券，从而让你一骑绝尘，并最终获得应有的回报。

不要害怕与众不同

作为一名内向者，在你读到了我前面提到的要创建"统一话术"这样的想法后，你可能会想："我不是那样的人，我可不喜欢以那样的方式让自己与众不同，我觉得'统一话术'不适合我。"

我完全理解，让自己与众不同确实让人感到有些害怕，不仅仅是因为你性格内向，还因为，我们人类自古以来都习惯于谨慎行事。几千年前，人类依附部落而生。如果你是个老爱惹是生非的人或者煽风点火闹事的人，那你可能会被酋长驱逐出部落，也就意味着会被处死，因为在那时候，独身一人谋生通常是死路一条。因此，我们学会了循规蹈矩，不惹是生非。所以对抛头露面、与众不同这样的想法感到不适也情有可原。

但你得想想：一个公司或行业的高层人士，他们能达到

那样的高度，是因为他们与众不同、超乎寻常呢，还是与芸芸众生一样普普通通呢？

这就是为什么我要你挑战自己，让你把自我设限（职业技能）抛在脑后，成为你注定要成为的那个自己。所以，要大胆、主动展示自己的与众不同，让别人注意到你，不要只是等着被人关注。而这，正是"统一话术"能帮你实现你想要达到的那种效果。

娜奥米·斯蒂芬（Naomi Stephan）曾写道："有一种使命只为你而存在，也只有你才能实现它。"所以，为什么要让那些完全陌生的人来对你下定预设呢？为什么不创建自己的标签？为什么不用自己的个人描述来让他们了解你的独特之处，了解你能对世界所做的贡献呢？为什么不让自己成为可以主宰整个行业的"独门另类"呢？

这样的成功案例很多。例如，惠特尼最终就是以"使命专家"这样的独特标签向别人介绍自己，才让她原本近乎垮掉的生意快速地实现了增长，后来还被一家大型公司成功收购。也正是因为贾斯汀·麦卡洛愿意让自己与众不同，才让他获得了FSG公司专门为其特设的那个高管职位，而且薪酬不菲。

对于贾斯汀、惠特尼，以及我以前大部分的客户和在线课程的学生来说，"统一话术"不光让人更有吸引力，还有更多的意义，这并不像是一个噱头。对他们来说，"统一话术"完美地定义了他们，定义了他们能提供的价值。

如果你不想别人把你当成"另一个××××（请填入自己

对应的职业技能）"来对待或支付薪水的话，那你就必须大胆地摆脱别人给你贴的职业标签，即便这需要很大的勇气。

打造自己的"统一话术"

如何打造自己的"统一话术"呢？

请返回本书第三章最后一节，看看自己针对那几个问题所给出的答案。事实上，这并非仅仅是你可以帮客户解决的三个主要问题或能帮其实现的理想结果，而是你自身所拥有的所有突出特质，或者我们也可称之为你的闪光点。想想你所做的这一切，再想想你的目标客户群真正欣赏你的那些点，再问问自己："我所做的这一切究竟能为客户带来哪些更深层次的好处呢？我的目标客户群选择与我合作又能真正从中得到什么呢？我该如何用两三个关键词来概述这一切呢？"

温迪就是一个很好的例子。或许你还记得我们为她找到的目标客户群——那些新调到中国的外国高管。她所提供的指导方案是——帮助其整个家庭适应文化、习惯迥异的异国他乡并成功扎根于此——这才是她真正的秘密武器。这就是为什么我建议她自称"指导你成功扎根中国的培训师"（China Success Coach）的原因。

正是这条信息以及她为客户专门制订的"成功扎根中国"的整套方案，让她从原本每天勤勤恳恳工作，也只能在已饱和

的市场挣得50～80美元时薪的困窘状况，到后来从每个家庭就可赚得3万美元，而且几乎不存在什么竞争对手。

请记住，你不是在创造标语或口号。无论你想到什么点子，你都得能够把它套用在一个句子里"我是××（'统一话术'）"，就像说"我是一名会计"那样脱口而出。

下面是一些实例：

（1）我是"权威侦探"（Authority Detective）：我能帮助思想领袖、有影响力的人找出他们在谷歌搜索引擎排名靠后的原因。

（2）我是"记忆编织者"（Memory Weaver）：我与活动策划者合作，期望能通过我们创作的独特灯光音乐秀，为活动参与者创造一段难忘的回忆。

（3）我是"高层黑客"（Plateau Hacker）：我能帮助那些卓有成就的高层管理者摆脱各种疑难恐慌症。

（4）我是"手册看管人"（Workbook Concierge）：我与远程教育工作者合作，确保他们的练习手册准确无误并准时送达现场。

（5）我们是"人才猎聘救生员"（Acquisition Lifeguard）：我们能帮助企业通过特殊人才猎聘战略实现增长，避免企业身陷复杂技术问题的困境，从而避免企业蒙受因生产力不足或数据泄露所造成的损失。

（重要提示：在你决定用自己的"统一话术"之前，建议你先与律师谈谈。因为有人曾告诉我，在一些特定国家，有些词可能是不能随便使用的，除非你有相应的资格证书。）

如果你辗转反侧也没能想出你的"统一话术"，那也没有关系。建议你暂时停下来，出去走一走，然后再返回来多想几次。它或许就在你洗澡或晨跑的时候突然从你的脑海里自己蹦出来了呢。

我也建议多看看你的词典，即使是刚刚才开始读。咱们以亚历克斯·墨菲为例。如果你读过我的第一本书，你会记得亚历克斯原本是位在业务上苦苦挣扎的摄像师，几乎赚不到任何钱，但是通过我们的合作，不到一年的时间，他的生意就发展到收入近7位数的水平了。你有没有想过这种增长的推动力是源于何处呢？这可都是以"叙事战略家"的名头进行社交而得来的！

那么我是怎么帮他想出这个称号的呢？

我当时心里就在想："亚历克斯想要通过多个相关联的视频来讲述一个企业的故事，而非一个个独立、脱节的视频。那么，我该如何利用这些信息呢？"

首先，我把"故事"二字输入我的电脑词典，就出现了"叙事"这个词。我一看到它，心里就在想"太完美了"，我要把亚历克斯称为"叙事战略家"。

这是一个简单的案例，因为我只花了几分钟就想出来了。

不过大多时候，我都需要花费几个小时才能想出来。

你要知道，设计"统一话术"是一个创造性的过程，它就像创意创作的过程一样，有时可能会令人眼花缭乱。请注

意，能想到的都是好点子，把任何你想到的东西都记录下来吧。要想得到完美的结果，你通常需要花点时间整理思绪，甚至有时还会让你苦恼不安，不过这些苦头都是值得吃的。毕竟，你最终会享受到自己每次社交中努力付出所结出的成功果实——当你每次听到别人问你"那到底是什么意思?"的时候，你都会会心一笑的。

创建"统一话术"时，不要急于让自己的描述太过详细，因为，我们想要的效果实际上是：让它显得有些模糊、模棱两可。还记得吗，它的作用是吸引别人，好比一个诱饵。很多人都试图将他们的职业技能融入其中，比如称自己为"房地产天后"或"数据博士"，但那些普通的称呼并不能促使人们继续发问："那是什么意思呢?"如果你的"统一话术"浅显易懂，那么他们就不需要再了解更多。这样，他们便会把你定位在预设的同行类别里，然后会无视你，就像之前那样。请将你的"统一话术"想象成一部电影的预告片：先只给人们看一下片头，然后吸引人们付费买票才能看完整部电影。

最后一点，这对那些害怕与众不同的人来说也可能是最难克服的一点，我希望你做好心理准备：有时，你想出的"统一话术"听起来不论多么有趣，有可能都会遭到家人和朋友的不认同，他们甚至会觉得那听起来有些愚蠢。这也很正常，因为这并不是只针对你个人的"统一话术"。接下来我会解释这一点。

案例

请先暂时忽略你的家人

我第一次见到沙恩·梅兰森（Shane Melanson）时，他告诉我他在房地产联合企业工作。听起来有点可疑，对吧？不过，尽管这个词可能不免让人产生警觉，但它实际上就是他所从事的那种商业地产投资的标准名称。企业联合组织（syndication）通常是指一群投资者共同出资、共担风险来联合开展某一项目，否则单个投资者会耗费太多资金或承担太大风险。

我们在帮沙恩寻找目标客户群的过程中，我注意到他在一小群医生和外科医师的圈子里取得了不错的成果。后来才得知，原来他的岳父是一名外科医师，曾把他的几个朋友都介绍给了沙恩。

于是，我问了沙恩："那他们究竟都遇到了什么问题？是什么原因让他们夜不能寐呢？"

对于这些高收入的人群，很难想象他们会有什么问题，对吧？我的意思是，他们通常都过着很多人都很羡慕的生活，住着大房子，开着豪车，他们的孩子上的也都是名校。但是他们到了50多岁的时候，就开始担心退休问题。从某种程度上来讲，这些专业人士就好像被一副金手铐捆住手脚：他们无法再让自己的工作停下来了。因为一

旦他们这么做了，他们的收入就会转眼归零。如果他们的退休储蓄不足以让他们继续自己原有的生活方式，那么这对他们来说就是个天大的问题。这会让他们夜不能寐，辗转反侧、苦思冥想接下来该怎么办。

他们听说住宅地产投资是一条不错的出路。但是，由于他们通常在医院或诊所经历了漫长的高压工作已经觉得疲惫不堪，这往往会促使他们做出仓促的决定，而非像常人那样花上几个月的时间去考察寻找准确的投资对象。

这往往会导致他们在房产上投入资金过高，尽管他们可能已经聘请了物业经理为其打理，但他们自己还是要应对那些因不良房客拖欠租金或任其房屋年久失修等问题所带来的压力。要不了多久，他们就会被整个过程搞得焦头烂额，因为他们最终往往会亏损大笔资金，更重要的是，还浪费了他们宝贵的时间。

沙恩对这些人来说就像一根救命稻草。他的全部业务都专注于致力让高收入群体明白一点：他们的生活方式很奢华，不过他们有能力借入大量资金，这其实为他们提供了其他人无法获得的绝佳机会。他们可以与一小群高收入投资者合作，利用那些价值低下或被低估的商业地产。在短短几年内，他们就可以把这笔投资变成真正的财富，然后就可以开始享受自己梦寐以求的退休生活。

不过，沙恩的问题是，每当他试图向别人解释这一点时，他都感觉自己像是一名商业地产推销员。他还担心，人们会觉得，企业联合组织的概念听起来像是个骗局。

于是，我对沙恩说："我们干脆不要用'商业地产'或'企业联合组织'这样的字眼。为什么不称自己为'套利策划师'（Arbitrage Architect）呢？"

然后我向他解释了为什么我认为这个名字很合适他："套利"（Arbitrage）这个词一般是指低买高卖，从而从中赚取差价。我觉得这个词贴切地描述了沙恩帮助一群投资者以低价买入、开发某一商业地产，然后以高价将其出售或租赁出去，以从中赚取差价的行为。"策划师"（Architect）这个词描述了他如何为那群投资者策划交易并监督其交易执行的整个过程。

沙恩很喜欢这个称号，他也乐于帮助那些医生将其收入转化为高净值资产，然后安全过渡到理想的退休生活。我们第一次的会议最终也顺利地结束了。

然而，在我们第二次见面之前，他跟自己的妻子和岳父分享了他的"统一话术"，遗憾的是，他们都不太支持他。沙恩当时告诉我："他们都用异样的眼神看着我，觉得我好像疯了一样。"他的岳父似乎在说："你在干什么呢？！你并不是什么'套利策划师'，你是在房地产联合企业工作。为什么不这样讲呢，这有什么问题吗？"

你可以想象到，沙恩当时对那次的整个经历有多么失

望。他感觉自己备受打击，其实这也可以理解。我感受到了他内心的那种焦虑，然后我解释说，其实他们的反应也纯属正常。其原因如下：

（1）这其实是那些真正关心你的人想要保护你的表现——这也是最重要的因素。他们担心你尝试新事物。因为新事物最终可能会失败，他们不愿意看到你陷入窘境。因此，他们自然会喜欢看到你谨慎行事。

（2）很多人不了解"统一话术"的价值。除了自己的职业技能之外，他们无法想象自己还可以用什么别的称呼或头衔来定义自己。这对沙恩的那位身为外科医生的岳父来说尤为如此，他试图打消自己女婿那种奇怪的念头，就像他也无法容忍他那些医生朋友以医生以外的头衔称呼自己那样。

（3）沙恩的妻子和岳父对此有意见的唯一原因是他们原本就已知道他的职业技能。他们觉得，这对他们来说就好像沙恩突然走过来对他们说："我的名字不再叫沙恩了。从现在起，请叫我汤姆。"如果你深爱的家人或朋友某天突然对你说这样的话，你会怎么想？你可能会觉得很奇怪。但是，如果沙恩在社交活动中走到你面前说："嗨，我是汤姆。"你怎么知道有什么不同呢？因为你认为他的名字就叫汤姆。

我仍然记得，当我第一次想出自己的"统一话术"那会儿，我自己也犯了同样的错误。记得有一次，我跟一位老同事聊天的时候说："我以后要称自己为'助人快速增长的人'，你觉得怎么样？"

他大笑了起来，然后对我说这听起来像是一条商业广告……哦，就像是一种特殊的壮阳品。然后他继续向我解释说我是一名很棒的销售培训师，但似乎有点迷失了自己的方向。

现如今，很多人都想成为"助人快速增长的人"，所以我不得不给它注册上商标。

解释完这一切后，我对他说："沙恩，我知道这很难，但我不会太在乎你妻子和岳父的看法。请记住，'统一话术'就如同一个诱饵，它可以让新的潜在客户对你产生兴趣，从而激发他们想要更多地了解你。对，要的就是这个效果！对他们来说，你就是'套利策划师'，因为他们以前从未听说过，他们会有兴趣去了解更多。"

在我的一番鼓励之下，沙恩终于鼓起勇气，把他自己强有力的"话术"带入了社交场合，并且这确实起作用了！

今天距离他决定坚定使用自己的"统一话术"已经过去快一年了。现如今，沙恩的生意发生了翻天覆地的变化。

他已经筹集到了100多万美元的额外资金。

过去，他必须努力寻找生意机会；而现在，很多优质

客户直接主动联系他，给了他选择的机会。

他正在与一个由3000名医生组成的团体正式建立合作关系（其实也是他们主动上门找他寻求合作）。

他成功创办了一家年收入6位数的培训公司，向那些高收入医生传授自己的投资策略。

我的建议是：当你第一次想出自己的"统一话术"时，先不要急于去跟家人和朋友分享。请与你的潜在客户或雇主分享，因为他们的反应才是关键。

重要的是，当你跟自己目标客户群中的某个人交谈时，你的"统一话术"会激发起他们的兴趣或好奇心，然后他们便会禁不住问："那到底是什么意思呢？"

"统一话术"的最终目标是让对方主动邀请你分享更多内容。

接下来，我们来谈谈"统一话术"在社交场合里为我们"招揽"来的各种机会，以及我们该如何抓住并利用好这每一个宝贵的机会。

第六章

与正确的人交流

重要的不是你看什么，
而是你看见什么。

——美国作家、哲学家

亨利·戴维·梭罗

（Henry David Thoreau）

想想你看过的那些情节曲折的电影。看的时候，你认为自己知道接下来发生的剧情，然后"砰"——大揭秘颠覆了一切。不论你是在看原版《决战猩球》（*Planet of the Apes*），看到了自由女神像并意识到故事发生在饱受战乱的未来世界，还是在看《星球大战：帝国反击战》（*Star Wars: The Empire Strikes Back*）时，发现了达斯·维德（Darth Vader）是卢克（Luke）的父亲，或是在《第六感》（*The Sixth Sense*）中，发现布鲁斯·威利斯（Bruce Willis）饰演的角色一直是个幽灵时——不论你想到了哪一部电影，我敢肯定看到大揭秘时，你的嘴角会有些耷拉。

其实，我也有一个发生在自己身上的波折故事要分享给你们。

在前五章里，在你们读过或者听过这本书的时候，应该假定这本书是讲述内向者如何同新的潜在客户或雇主建立人际关系的。

但是，如果我告诉你，社交的首要目的，并不是为了找到想雇你的人呢？

没错，找到目标客户是你的谋生之道，能让你拥有销售业绩或者新的工作。但只专注在他们身上会让你成为身陷"仓鼠滚轮"的仓鼠。

我要讲的故事是这样的：社交的确是为了在一次愉快的人际沟通后，结识那些能为你带来大笔订单，或助你找到远超预期的优质工作的人。

那么这些不可思议的人是谁？

我愿称他们为"捍卫者"和"资源伙伴"。

"捍卫者"指的是精英人群。他们是真正让世界运转的高成就者和影响者。他们是能够为你的人生带来真正巨大助推力的人。他们可能认识那些平时难以接触到的人。他们可能获得过那些声誉卓越的奖项。他们的工作可能为他们带来了极大的声誉和名望。他们可能为畅销杂志撰稿，可能拥有大量的人脉、一个播客或诸多粉丝。他们还可能在协会或组织里身居要位。无论具体是怎样，捍卫者不仅能让你变得更为可信，还能为你打开那扇通常不为普通人敞开的大门。这些才是你最应该重视和爱护的社交对象。你可能从未向他们索要过任何东西。但他们很可能是那些会给予你远超预期帮助的人。

而"资源伙伴"是你们愿为彼此共享自己的人脉的一小群人。无论是介绍一位电台主持、杂志编辑、活动发起人、精英人士、新的潜在客户，还是另一位资源伙伴，一段良好的资源合作伙伴关系应该给所有相关方带来一波有益的人脉。我喜欢把他们看作与自己在同一条船上的人。大家会齐心协力，一起到达目的地。

花点时间想想你现在的交际圈。也许，你甚至可以翻翻

领英❶上的联系人表。可能里面已经有很多潜在的资源伙伴和捍卫者了。也许甚至还会有那位"大人物"的亲友，比如，一位现在有播客的老朋友、一位刚刚被邀请加入一家咨询公司的同事。

当然了，如果你一个人都不认识，那也没关系。请记住，当我刚刚搬到奥斯汀的时候，我一个认识的人都没有。这本书中的策略会帮助你迅速在社交方面取得成功，就像我一样。

但首先，我们先聊聊盒子里的一只猫。

你永远不知道下一次会遇见谁

我认为，我所碰到的每个人都处于"薛定谔的猫"的状态下。"薛定谔的猫"是由一位奥地利物理学家埃尔温·薛定谔（Erwin Schrödinger）提出的一个思想实验，假定盒子里的猫处于死猫和活猫的叠加状态。薛定谔假设将一只猫关在一个装有少量放射性原子（镭）、盖革–米勒计数器（Geiger-Müller counter）和一瓶毒药（氰化物）的盒子里。当原子衰变，计数器会在检测到衰变后爆炸，打破瓶内的毒药并杀死

---

❶ 由于本书为外国作者撰写，因此会选择领英平台拓展交际圈。中国读者可以选择其他平台替代。——编者注

这只猫。但什么时候烧瓶会被打碎呢？在盒子未被打开时，你会认为那只猫是活着还是死了？（免责声明：在此项思维实验过程中，没有猫受到真实的伤害。）

也许《阿甘正传》中的那句话更容易理解一些："我的妈妈经常告诉我，生活就像一盒巧克力，你永远不知道下一颗是什么味道。"如同现在，资产丰厚的科技业千万富翁们，一身的装扮可能并不起眼。史蒂夫·乔布斯（Steve Jobs）以他的高领毛衣和牛仔裤闻名，而马克·扎克伯格（Mark Zuckerberg）出行也总是穿着连帽衫。我第一份销售工作所在的公司的一位老板，看起来总像是刚从金属乐队（Metallica）的演唱会回来，尤其是他还有一头狂舞的长发。你不能以貌取人，也不能隔着盒子定猫的生死。

这就是我建立人际关系的方法。我用对待潜在客户、资源伙伴或捍卫者的态度，对待每一个我碰到的人。每个人，都有助我完成工作的潜力。我的工作就是去发现。

我打算再告诉你几个类似"盒子里的猫"的故事，起初它们看起来都非常幸运。但正如微生物学的奠基人路易斯·巴斯德（Louis Pasteur）所说的"机会总是留给有准备的人"，我信奉自己创造出的运气。

记得我在上高中和大学那会儿，大多数澳大利亚人似乎都过得不错，尽情狂欢。这样的生活大约一直持续到入学一年级（我听闻大多美国人也是如此）。不幸的是，由于我的阅读问题，以及忙于赶超班上其他同学，高中生活最后的日子让我

精疲力竭。我以全州前20%的成绩完成了学业，但我对自己的人生要做什么毫无头绪。我和我的家人都认为，如果我不知道自己到底想在大学里收获什么，那么我便无法好好度过大学生活。所以我们决定休学一年，去寻找"真正的自己"。

我不知道你曾听过其他人的间隔年是怎样的，但我来自一个甚至还在努力成为中产阶级的家庭，他们肯定没钱供我周游欧洲各国。所以，与其他人正相反，我直接就去工作了。

仅仅在一年多以后，我开始经营属于自己的百万美元生意，一切也变得越来越忙碌。我没有时间聚会，也没有时间闲逛。

因此，在我来之不易的生意成功之后，我最终决定在我29岁生日前，来一次真正的"间隔年"。现在，我玩笑地称其为"中年危机"。我的好朋友德米特里（Dmitry）发现了我的计划，问他是否能和我一起。我们在西班牙和公牛赛跑，开车穿过了瑞士的阿尔卑斯山。我们甚至还参加了萨尔瓦多狂欢节（巴西狂欢节在此举办）。

在我们其余的冒险里，我们还去了奥斯汀西南部偏南方向的一个地方。当时，我们听说得克萨斯州海岸有一场盛大的美国春假活动，于是，我们决定去看看这是怎么一回事。我们想亲身去看看，传闻究竟是真是假。

于是，我们便前往了南帕诸岛，一个世界著名的春假胜地。不幸的是，我们到达的第一天，德米特里便生了病，只能待在房内休息。同样，也是在这一天，我意识到我已经快要30岁了，而这里的平均年龄可能不过19岁。"伙计，这儿可能属于年轻人！"我这样想道。我不知道要去做什么。我不想待在屋子里（尤其不想像德米特里那样），但我也不想当一个孤零零地四处闲逛的老家伙。我下楼走进旅店的酒吧，想知道自己应该做些什么。

我找了个座位坐了下来，发现旁边还有一位看上去年纪比我略大一些的家伙正坐着喝酒。他看起来有些焦虑不安。我心里想，"也许他也认为不应该来这儿旅游。"作为一名内向者，和陌生人聊天并不是我的天赋，但这么多年来，我一直都在强迫自己走出舒适圈（要是没有尝试一两段自己主动展开的谈话开场白，日后我肯定会遗憾的）。

最终，我开口道："伙计，你还好吗？你看起来在担心着什么。"

"是啊。不过是有些员工让我很头疼罢了。"我很自然地就对他所说的事情表示感同身受。因为我自己也带过团队，我知道这会有多大压力。

然后，我说："发生了什么？为何你要在这喝长岛冰茶？"

他开始同我分享一些事业上的艰辛故事。我倾听着，时不时跟他分享一些我在过往工作中学到的经验。我们经历了45分钟的漫长对话后，他问我今晚有什么计划。我解释说，我本来打算和同伴出门，好好体验下这次的春假活动，但他现在卧病在床，我也不想就自己一个老人独自出门。

"我就想吃点东西，然后回去睡觉。你呢？"

"噢，我得在这儿待着，确保一切顺利。"他一边说着，一边用手指了指周围。

"等等，这是你的酒吧？"我疑惑地问道。

"不是，但这里归我管。我所在的公司负责运营南帕诸岛和坎昆春假的绝大部分业务。现在，我得去看看另一家俱乐部的情况。跟这些孩子们比，我们两个人显得年纪有些大了。但我还有个贵宾区，平时用来招待MTV的工作人员和《真实世界》（*The Real World*）的演员们。"他边说着，边提到了这档热门真人秀节目（尽管那时我并不知道这个节目），"想跟我一起过去做客吗？"

于是，我第一天晚上就和他一起出去了。第二天，德米特里好起来了。剩下的春假日子里，我俩都成了那个家伙的贵宾。他管理着这里的一切事情，因此也给我们带来了不少便利。在那儿，我们遇到了很多知名的好莱坞演员、音乐家和名人，通常很多人不惜血本想跟这些人见上一面，也不一定会见上。可惜，我是个不识货的家伙，并不认识什么"大人物"，所以有些浪费这次的机会。也就是说，我对他们的态度，与对待其他人没什么不同（可能这也是他们为什么喜欢同我聊天的原因吧）。

就这样过了几晚，事情开始变得有些不对劲了。我们亲身体验了春假，并打算开始我们的下一场冒险。但我仍和我的新朋友保持着联系。事实上，他的支持也是我次年能获得美国杰出人才签证的一个重要因素。

很幸运，对吧？

我来问你几个问题：你有多少次坐在别人身边，却没有试着搭话？在飞机、餐厅或者酒吧里，曾有多少绝佳的机会就在你身边？谁知道你一直想搭上话的那个人，是不是曾经就坐在你身边？我知道。因为我曾经在家乡机场——罗利达拉姆国际机场起飞的航班上找到了一个客户。而我所做的事情不过是问我的邻座："你好，你是要回家，还是要外出工作？……真酷，你这次旅行想去哪儿？哦，你是问我的职业？我是专门'助人快速增长的'。"

原来我的邻座是史黛西·麦克因泰（Stacie McEntyre），她是Veritas Collaborative（全美最大的治疗饮食失调的医院之一）的创始人兼首席执行官。她现在正烦恼于事业上的一些麻烦，并在努力寻找维持企业文化、帮助员工和客户完成入职培训、降低离职率、提高生产力的方法，而我那几个相关公司的故事恰好能为她解惑。

你可能会想："马修，这些肯定都发生在商务舱，而我通常都乘坐经济舱出行。"但其实，这些也会发生在经济舱。因为当时我们就在经济舱。我们最初讨论的一部分内容让话题导向了我常说的另一件事情："那么，你认为国内出行乘坐商务舱也是浪费钱吗？"他们通常会回答，肯定的，他们更愿意把钱花在其他地方上。但是，史黛西的节俭习惯，并不会妨碍她在接下来的几个月里，花费数万美元和我合作。

"薛定谔的猫"就在你身边。

　　同样的事情还发生在甲骨文公司的一位高管身上。当时恰好赶上航班延误。我们在同一家餐厅并排坐着，我无意间听到她和同事谈起了航班延误。于是我说道："你的航班也延误了吗？有什么要紧事被耽搁了吗？"随着谈话的深入，我们发现大家要去的是同一个城市，而且她的两位老板很快改变了原有计划，决定等我到城里时来见见我。

　　而且这类"薛定谔的猫"的事件不仅仅会发生在现实世界，网络上也是如此。一个随便发布的脸书帖子，帮我促成了一次深入谈话，并转变成了一次译者介绍，而且这位译者碰巧认识越南一家最大的出版商。结果就是：我的第一本书被翻译成了越南语出版了。

　　一旦事情开始有规律地发生了，你不能仅将其归结于运气。这是由于一种系统化方法在发挥作用，也是我想展示给你的那种系统化方法。

　　打开盒子前，你永远都不知道里面有什么。你的一些最好的潜在客户、资源伙伴和捍卫者很可能与你擦肩而过，或恰好坐在你身旁，而你却从未利用起这个潜在的社交机会。这些捍卫者、资源伙伴或者是潜在客户的穿着，可能并不像你想象的那样。他们可能看起来与实际年龄不符，他们甚至看起来都不愿与人交谈。但不要在开始这次谈话前，就认定自己不可能成功。相反，你应该抱着这种未知的心态，放开自己，和别人开始交流，无论何时，无论何地。

不要束于刻板预期

策略型社交远不局限于社交场合：它应该成为你生活的一部分。

然而不幸的是，对于大多数人来说，克服我所说的"刻板预期"往往伴随着很多挑战。当你某天在一场活动中、一次航班上碰到某人，或恰好他向你寻求帮助，那么你可能会想："我不需要打开盒子就能知道，这个人肯定是一位潜在客户。"这就是为什么说，依照"刻板预期"待人是不正确的。

在搬至美国的5个月后，我有幸得到了一次为《美国企业家》（*Entrepreneur*）杂志撰稿的机会。这要归功于我的一位非常厉害的资源伙伴。我的第一篇文章发表后不久，接到了一个陌生号码来电。

"你好，我是马修。"

电话另一端不是别人，正是商业思想领袖朱迪·罗宾奈特（Judy Robinett）。我得承认，那时候我并不知道她是谁，但很快我就意识到了她是位大人物。

她和我分享了她的第一本书《给予者》（*How to Be a Power Connector*），这本书后来被*Inc.*杂志命名为2014年美国头号商业类书籍，由麦格劳-希尔公司（McGraw-Hill）出版。因为这本书的出色销售业绩，她收获了不少的演讲邀约。而问题是，他们实际上很少会真正邀请她去做演讲。很显然，朱迪给我打这通电话的目的是，想请我帮她解决这个问题。

毋庸置疑的是，如果当时她成为我的客户，会为我相对较新的业务带来一些可信度，当然还有收入，而这些正是我当时急需的东西。

试问你们，这种情况下你会怎么做？

我必须要做出决定：是将朱迪当作潜在客户，让我发挥自己久经考验的销售技巧？还是挖掘这段关系中更长效、更具价值的可能性？这是个艰难的抉择。一个不得不在痛苦的飞行旅途上做出的选择。但之后，那个选择让我受益颇多。

我意识到，同朱迪这类人建立起关系后，其长期价值远高于短期的经济收益，于是，我决定尝试将她发展为自己的捍卫者或者资源伙伴。

经过详细的讨论，我发现她只需一个小小的策略，就能争取到更多演讲机会。所以，我只把这个策略当作友情提示分享给了她。

我没有试图向她推销这个对她来说具有变革意义的策略，而是不同以往，不求任何回报地将那个策略免费提供给了她，这促使她之后成为我的一位热情的终身资源伙伴。

在我们沟通的那几天里，她开始热情地向我介绍各类播客主持人、高流量博客博主或是像营销专家杰哈德·葛史汪德纳（Gerhard Gschwandtner）[杂志《销售力》（*Selling Power*）的创办者]这样具有极高影响力的人物。一直到今天，她都仍在帮我拓展客户。除此之外，杰哈德还向我介绍了博恩·崔西（Brian Tracy）和吉姆·卡斯卡特（Jim

Cathcart）这样的销售传奇人物。当我的第一本书出版时，杰哈德还在《销售力》杂志上发表了一篇评论赞扬我的这部作品，并将其作为该期的封面。

注意到朱迪当时正忙于推销自己的新书，我发现自己所能回报给她最有价值的事，就是把我自己的人脉交换给她。当然了，我并没有朱迪需要的人脉。但每当我碰到我认为会对她有所帮助的人时，我都会迅速把朱迪推荐给这个人。我甚至会在每次发表文章、接受采访或其他事情上尽可能提及她的名字（现在也是如此）。

当然了，随着时间的推移，我的社交圈也在不断扩大，因而我的介绍质量也在不断提高。比如说，在朱迪第二本书出版时，我已经结识了杰米·马斯特（Jaime Master）。他是一位内向者，同样他也是《最终的百万富翁》（*Eventual Millionaire*）播客主持人（美国*Inc.*和《企业家》杂志都将其称作世界上最适合企业家的播客节目之一）。后来发现，这可能是我做过最省事的推荐了，因为杰米很久前就是朱迪的忠实粉丝了。在朱迪还在奥斯汀的时候，杰米就是她的粉丝了，而且他们现在已经成了好朋友。

因为我没有受限于自己的刻板预期，现在我拥有了这个世界上与我关系最为紧密的人，她既是我的好朋友，也是我的拥护者。事实上，如果你熟悉我的第一本书，你可能会在她写的那篇热情洋溢的前言中认出她的名字。你可能还记得她写的那句"我是她所认识的最好的朋友"。我们的关系就是

这么好。

虽然我们从未见过面，但6年多来，我们一直享受着我们这份宝贵的合作关系所带来的非凡成果——其直接好处是，至少为我带来了40多个播客采访机会以及远超6位数的收入。

她相信我的工作能力，而我也信任她。尽管我们从事着不同的工作，但我们都看到了互帮互助的巨大价值。你可能会认为我们是商业伙伴，为彼此带来更多的资源、业务机会或帮助。我们总是会和对方说："告诉我发生了什么事……哇，这听起来真棒！你知道自己要去找谁吗？"

这一切都是因为我愿意拓宽自己的眼界，而非仅仅把朱迪的来电当作一个潜在的交易。正相反，我有意识地决定牺牲一点短期利益，发展与朱迪的长期关系。

遗憾的是，大部分人都缺少这样的思维方式，害怕被利用，只注重眼前的利益，甚至是因为自私（尽管有些人是无意识这样做的），导致他们错失了这样有益的人际关系。

我记得有次参加了本地的一次演讲活动。活动主题是如何获取更多演讲机会。我一度站起身，问他们："伙计们，我想问你们一个问题。你每次演讲完，过两三年后他们才会请你回来，对吧？"

每个人都表示同意。组织者喜欢保持演讲的趣味性，所以他们会轮流去寻找新的想法和演讲人。

"那么，在你演讲完毕后，难道你不清楚他们想找什么样的人，谁是最适合他们的吗？那为什么不推荐这间屋子里的某个人呢？我会这样做。每当我结束演讲后，我会说'你知道明年我会将哪个超棒的演讲家推荐给你吗？'，然后我会推荐一些我认为能为他们的观众或机构带来非凡价值的人。"

我真的很震惊，屋内一下子就静了下来。看起来，没人喜欢这个提议。真遗憾！你能想想这个小组本可以互相帮助、为彼此带来生意和推荐机会吗？我后来了解到，他们中的很多人都担心付出会得不到任何回报。甚至有个人还告诉我："我不想放弃自己原有的客户，跟别人去竞争！"我还记得当时我在想："这是个仅在美国就耗费千亿美元的行业。说真的，改变思维方式吧，伙计！"

我既没有这种匮乏的思维方式，也不想培养出这样的思维方式。对我来说，本地演讲小组的逻辑并不全无道理。我永远都会建议我的捍卫者和资源伙伴们去付出些什么来获取付费的演讲机会。毕竟，我更愿意推荐一个一两年后能让他们想起我的人。另外，我相信，即使我的捍卫者或资源伙伴从未提及我的名字，但在他们确定自己的讲话主题时，组织者也会记得是谁把他们介绍给组织方的。

你现在注意到资源伙伴关系的力量了吗？

给予者、索取者和权衡者

当我开始考虑认真建立自己的人际圈时，我发现还可以

用另一种方式来给社会中的人分类。我将他们分为"给予者（givers）""索取者（takers）"和"权衡者（balance-sheet makers）"。在与我的共同撰文者德里克交流时，你可能还记得我在上一本书第十章里提到，德里克走到台前，为大家讲述了他的销售业绩快速增长的真实故事，他掰着手指头说道："听起来就像亚当·格兰特（Adam Grant）的矩阵模型！"所以我当然得去看看（原来他也是个内向者！）。

亚当·格兰特在其作品《给予和索取》（*Give and Take*）里提出了类似的观点，他将社会中的人分为给予者（givers）、索取者（takers）和互利者（matchers）。"索取者"，顾名思义：他们索取但不付出多少回报。"互利者"，或者我称之为"权衡者"（balance-sheet makers），他们通常会在自己的心里或者现实生活中都记着一本账。他们可能会为你做些什么，但同样他们希望在某个时刻能得到等价回报。好的一面是，这是双向的：如果你帮了他们，他们会觉得亏欠你，直至还清为止。坏的一面是，就像我在当地演讲小组碰到的那些人一样，他们经常会担心为你做事却得不到等价回报，因而他们大多时候都不会主动为你做什么。

你无法同索取者建立起长期的资源伙伴或捍卫者关系。你会被他们吸干的！他们接受任何形式的馈赠，但不太可能会给予回报。同样，你也很难和权衡者保持真正良好、健康的资源伙伴或者捍卫者关系。他们总在计较得失，甚至会因为亏欠你而焦虑，或者感觉你亏欠他们而生气。如果你和我一样，你会发现维持这种社交关系的压力太大了。

禁得起考验的资源伙伴或捍卫者关系，都是同那些给予者建立起来的。给予者，是那些为他人提供价值，但从不担心回报的人。对于我和我珍视的人脉来说，比如朱迪·罗宾奈特（资源伙伴）和杰哈德·葛史汪德纳（捍卫者），我们之间从不计较得失，我们的心里也不会去记一本明细账。我们不过是尽自己所能、主动地帮助对方——通常，甚至对方都还没有开口请求帮助。

花点时间，问问你自己：你是个给予者吗？你是个索取者吗？或者说，你是个权衡者吗？对许多人来说，首先会想道："我想成为一个给予者，但我没有什么能给别人的。"当然，事实并非如此。有一件事我可以肯定：给予者永远能找到帮助别人的方法。

记得和朱迪刚认识那会儿，我手里并没有她所需要的人脉，但我仍想办法努力维系我们新建立起的合作伙伴关系。幸运的是，她注意到了我所做的努力。

那么捍卫者们呢？我们到底能为这些精英人士提供什么帮助呢？

这个量级的人最看重你接近他或她的意图是否单纯，有没有什么"附加条件"。

当你碰到一个潜在的捍卫者时，我建议你牢记我的社交法则第一条，不要只想着你自己！许多人有机会和捍卫者们接触，但却因为向对方抛送简历或拜托其帮忙而毁掉了这个

机会。当我遇到一位潜在的捍卫者时，我从不因自己的事情耽误他或者她。我专注于了解他们以及他们喜好的事情。而在我力所能及的地方，我会竭力传递所有的价值。

我的好朋友吉姆·卡斯卡特就是个很好的例子。他成了我的长期导师，当然，这是我的荣幸。毕竟，在演讲方面，他是专家。但聊到科技时，吉姆显得有些老派。所以我会主动提出些关于如何在社交媒体上实现自动化和占领主导地位的建议，希望他会觉得有价值。我很高兴自己能帮上忙。如有需要，也会尽力为他腾出自己的时间。说真的，如果他有需要，我甚至乐意为他去取干洗的衣物。这就是我多么珍惜同他的这份捍卫者关系。

当吉姆得知我即将出版第一本书时，他说："哦，太让人激动了！要是我为它写一篇特刊，然后登在《全球顶级销售》（*Top Sales World*）杂志上，会对你有帮助吗？"会吗？！后来发现，原来他同出版商已经认识几十年了。那篇文章引起了他们的注意，而后我被他们评为全球前50名的演讲者之一。事实上，我还登上了这本杂志2019年11月版的封面。哇！这一切都源于我们间的几次谈话，我为他提供了些许建议，介绍了一些高级媒体渠道，再者就是我还很珍视他宝贵的时间，从不因为自己的事情耽误他的时间。最终，我收获颇丰，包括这份我将珍视一生的友谊。

布莱恩·史密斯（Brian Smith）也是如此，他是大家熟知的资产高达数十亿美元的UGG鞋品公司的创始人。而我，能带给他什么？

我发现，布莱恩也是个内向者，他希望自己能走入演讲圈。他聘请了很多性格外向的演讲培训师，但他们都让他感到不自在。我鼓励他做回自己，多讲讲他自己的故事，更为真诚地待人。我还邀请他为我的一个活动做了闭幕演讲，当然，他也成功搞定了！布莱恩现在已经成为一名备受欢迎的演讲者了；就在我写这本书的时候，他恰好在"*Inc.*5000"大会上做主题演讲，演讲结束后，全场起立为他鼓掌欢呼。

我发现，即使是最成功的人，也乐于接受别人对他们不熟悉的领域给出的建议或帮助——只要这不附带任何条件。当然了，没有我的帮助，布莱恩也能在演讲上取得成功。就像吉姆也能凭借自己的实力掌握社交圈一样。他们都是商业巨擘，他们的事业之所以能如此成功，是因为他们总能找到解决问题的方法。但他们仍乐于接受我的帮助，并对此心怀感激。

所以，请珍惜你的捍卫者人脉吧。多给予，少索取。

我是如何学会社交的

我需要坦白一件事。我起初学会了如何和捍卫者建立起友谊关系，并不是通过出入那种高档的商业圈，而是参加各种派对，那时我才20多岁。

在一个朋友的乔迁派对上，我碰巧认识了米歇尔·费曼（Michele Phyman），她当时是墨尔本当地一家名为"精品店"（Boutique）的顶级高档俱乐部的一位重要赞助商。我所说的"高档"，指的是门外常排着长队，一等都是一小时以上，他们放行时通常不会让两人以上的人群一起进，经常还会以各种"合理的"理由直接将你拒之门外。

在宴会期间，我给米歇尔讲了些故事，还主动提出给她介绍些我的生意伙伴。晚上结束时，她邀请我去了她的俱乐部。

记得有个周末晚上，我和朋友在门外排队等着进入俱乐部。当我们进去时，我恰好看到了她，于是就和她打了个招呼。她回应了我，并问道："你为什么之前不打电话给我呢？不然我会下楼来接你的。"

"我不想强迫你这样做。"我解释道。

整晚，我都在和米歇尔兜圈子。一边聊着天，一边还要注意不要占用她太多时间。在我准备回家前，我过去和她道了别。她对我说："以后你到楼下的时候，一定要给我打电话。我不希望你再排队了！"我当然真诚地感谢了她。

后来有一次，我又去了那儿。我和她喝了杯酒，就开始闲聊。我问了问她最近怎么样：她和我聊了聊她的儿子，还谈了谈他最近遇到的麻烦。在需要的时候，我时不时地还给她提点小建议或小点子，她也非常乐意听。当然，米歇尔问了问我的近况——有没有谈女朋友，生意做得怎么样了。她似乎很喜欢听我讲刚20岁出头的我（两年前还在一边读高中，一边在麦当劳做兼职）就经营着一家价值数百万美元的企业的创业故事，因为她很想了解我的创业历程是怎么一回事。久而久之，我们就成了好朋友，我会开玩笑地叫她"俱乐部干妈"。我们甚至每年会一起吃一次饭，通常都是我买单。这是我对这份友谊表达感激和赞赏的方式。

我还记得有次周六晚上，我带了三个朋友去"精品店"的情形。我从小和一些很狂野的朋友一起长大。他们手臂上下到处都是文身，其中一个甚至在脖子一侧也有文身。而且他们的个子都远高于我（文身并不难。而且对于像我这样身材的人来说，你肯定会觉得和几个彪形大汉一起出门才更安全吧）。

门卫安保人员看着我的三个朋友，说道："四个男人，没有姑娘，身上还有文身？别想了，你们还是去别的地方吧。"

于是，我们走到一旁，然后我就给米歇尔发了条短信，好声好气地跟她说我在外面，能不能帮忙带我们进去？心想要是她很忙或者俱乐部已经满员的话就算了。几分钟后我就收到短信，上面写着："在那儿等我。"她出来了，呵斥门卫为什么不让我进，还告诉他们我带多少人来都可以，永远都不可以将我拒之门外。其中一个门卫说，我朋友脖子上的文身违反了俱乐部的规定。她飞快从自己脖子上解下了围巾，系在了我朋友的脖子上，然后亲自带着我们进去了。

自那之后，门卫再也没有拦过我。有一次，一个好朋友生日派对结束后，我带着整整20个朋友来了这儿（对，你没

看错，就是20个）！门卫解开安全绳，就让我们排成一队进去了。没有女孩跟我们一起，门卫也没说什么。

如果当时我将自己的人脉分为三类，那么米歇尔肯定当之无愧地属于捍卫者那一类。而我现在做的事和以前不同了（我也长大了，我甚至都不记得上次去俱乐部是什么时候了），我关注的点已经变了。因此，我所需要的捍卫者和资源伙伴也变了。

但你发现与捍卫者、潜在客户和资源伙伴相处有什么不同吗？捍卫者并不是能让你从这段关系中即可获利的人。相反，你需要不断地主动为其提供建议、表示感激，甚至还要投入你大量的时间，这样才能够有所收益。

进入社交场合前，请先做好调查

在参加一个活动前，预先知道谁会出席活动不是一件很好的事吗？如果在此之前你们就已经有过多次交谈了，那么等出席活动时，你们就能继续交谈了，这不是很好吗？这样不就能减轻你的压力吗？

2014年，当我初次来到奥斯汀时，我意识到我需要认真看待社交这件事。我并不想只是出现在活动现场，然后就期待着最好的结果发生。我也不想活动结束后想着"社交一点用处都没有"或者"我只是今天运气不好"。

在这个互联网时代，肯定有更巧妙的办法。

我决定上网做些调查，看看什么样的活动会吸引我的潜在目标客户、潜在资源伙伴或潜在捍卫者经常去参加。不到几分钟，我便发现了一个专门为小企业主群体及其支持者举办的月度社交活动，由当地一家名为"资本工厂"（Capital Factory）的共享办公空间举办。

在那里，我发现了"资本工厂"在脸书上有一个会员群。加入群后，我查了查上个月都有谁参加了。这并不难；有几个人在活动帖子里贴了照片，所以我要做的，就是查看那些贴了标签的人的个人资料。然后我搜索了这些人的名字，并通过领英找到了他们。

我认真地看完了每个人的资料，然后找到了我想联系的人，接着，我给这些人每人都发了一条消息，上面写着："很高兴能通过互联网认识你！我刚到奥斯汀，听说'资本工厂'联谊会是个很棒的社交活动，能支持小企业间相互沟通，我非常热衷于结识新朋友。我看到你曾经参加过这个活动，你能给我点建议吗？"

我联系的其中一个人是汤姆·辛格（Thom Singer），他是奥斯汀唯一获得专业演讲资格（CSP，美国国家演讲者协会NSA授予的最高称号）的人。他回复道："当然！不过我不能接受你的好友申请。但活动结束后至少一起喝杯咖啡是没问题的。"

"太好了，那就这么定了！"我马上回复道。我们见面时，

我又跟他讲了一次我刚搬到奥斯汀，然后跟他说我想在美国重新开展我的演讲业务，并希望能成为演讲圈的一员。

他说："要不这样吧，来参加我们下一届的奥斯汀NSA策划活动，作为我的嘉宾出席，我会把你介绍给所有人的。"

他信守承诺。当我在活动上看到他时，他走了过来，像老朋友那般同我握了握手，并把我介绍给了屋里其他人。我现在有很多来自NSA的客户，还有一些甚至成为非常支持我的好朋友。当然了，最终我结交他们可能还是靠自己，但由其中一名备受尊重的老会员把我介绍给大家，让我自然而然地在人群中脱颖而出。几年后，汤姆真正成为CSP委员会的委员，后来还投票让我加入CSP委员会，我记得自己当时的票数排名第二。至今，我们依然是好朋友。

从另一张贴了标签的照片里，我得知了其中一个人是奥斯汀谷歌创业周末活动（Austin's Google Startup Weekend）的发起人。我通过领英给她发了条消息，讲了讲我在澳大利亚的作为，以及自己热衷于回馈新的创业者。她并没回复我……但当我参加第二次"资本工厂"联谊会活动时，她认出了我，并同我展开了一段愉快的交流。然后，她带我去见了本场活动的主持人肖恩·达菲（Sean Duffy）。自那以后，肖恩就常邀请我去奥斯汀谷歌创业周末做评委。

通过我的初步调查，我还发现奥斯汀最常举办的聚会活动叫作"技术地图"（TechMap）。遇见（Meetup）和其他的社交平台一样，会将人们的社交媒体资料链接到应用程序。根据这些链接，我找到了几个潜在重要联系人。其中，有一个人我特别想认识，名叫约翰·伯格（Johan Borge），他是此次活动的发起人。他接受了我的好友申请。

约翰听说了我渴求回馈社会，于是就邀请了我在他的活动上发言。不知为何，这次活动后来就又变成了一场商业对手评审会（人们称之为"天使黑客"开发者黑客马拉松比赛）。

在不到一年的时间里，作为这个城市人脉最广的人物之一，我受邀参加了各种活动。我的人脉包括市长、市政府官员、州长、小企业管理局（Small Business Administration）的地方官员、风投公司的高管、所有大型共享办公机构的创始人或经理、奥斯汀本土公司的高层领导、慈善机构负责人、奥斯汀高校的资深教授，以及小企业里的大多数大人物。

我与你们分享这些不是为了炫耀，而是为了向你们证明社交对我来说是多么简单的事情。我只是在网上做了点调查，确定了一些有潜在价值的人群，然后提前在网上主动接触了一下他们，这样等正式见面后，就能直接继续交流了。再加上这本书里的其他一些策略，我其实那时已经胸有成竹了，打算在社交场合里大显一番身手。很快，你也可以像我一样！

这就是策略型社交。

如今，随着各种社交媒体、社交网站和应用程序的出现，如果你愿意的话，你也可以利用那些渠道找到大量你所需要的个人信息——我们的"在线足迹"（cyber footprint）。

人们通常会在活动中贴上自己的照片发布在各种社交媒体上，其他人看到后通常会去点赞或评论，同样，他们也会发布自己要参加的各种活动，而他的朋友和同事们也会标记他们……这一切都等着你去探索。

通过这些社交资料，通常你能猜到那些潜在的人脉到底算是目标客户、动力伙伴还是捍卫者。他们有播客吗？他们在公司（或者社会）里算大人物吗？他们写过书吗？他们是什么委员会的领导班子成员吗？他们自己发起或举办过什么活动吗？他们是什么精英俱乐部的会员吗？他们参加过什么志愿者活动吗？

每次当我想跳过社交活动前烦琐的调查环节时，我总能回想起我的一个朋友曾告诉我的话。我在一次活动中，碰巧认识了她，就在活动刚开始的时候。她见到我时，说的第一句话是："很抱歉，如果你是来这里推销的话，那么就是在浪费你的时间。这屋里没你想要的客户。"她接着解释道，过去半年里，她一直自愿担任这儿的活动主持人，希望挖掘新客户，但却一无所获。

不过，在活动开始前，我按照我预先准备好的讲话内容（下一章你会了解这部分内容），和所有预先调查过、联系过的人都沟通了一遍，这让我在这间"赚不到钱"的屋子里，拿到了好几笔总价值超几千美元的订单。我还受邀为另一个活动致辞（一位新结识的捍卫者介绍的），并认识了一些新人（新结识的资源伙伴介绍的）。其实，未知机遇一直都摆在我们面前，但由于先前那个人社交时漫无目的，也无任何策略可言，致使她自己深信这里在座的每个人都毫无价值。机会就在那儿，只不过因为她一直在说错误的话，或者同错误的人交流，使她未能注意到这笔潜在的"财富"！

所以下次，在你参加社交活动或出席会议前，先上网做做调查，提前做好功课。如果你想向一群董事推销产品，或参加一群高管的面试，你会事先了解他们的背景吗？你当然会了！同理，社交也应如此。

记得在英特尔的一次活动上,在我演讲完毕后，一位与会人员走过来跟我打了声招呼。他和我聊完刚刚分享的故事后，又似乎变得有些拘谨、不善言辞了。他说："我一般很难同别人搭话，但跟你开口讲话却很容易。今天听完你的演讲，我感觉自己好像有点了解你，能过来和你聊聊刚才的演讲了。但是，我还是无法和这里的其他人交际，因为我并不了解他们，也不知道应该和他们聊什么实质性的内容。"

他的感慨让我有些疑惑。此次特别活动中，共有85名英特尔资深销售和营销领导到场。他们中的多数人已经为公司效力几十年，更别提飞往全国各地参加此类活动多年。

我问他："你知道谁会参加此次活动吗？你能提前拿到参会人员名单吗？"

他思索了一下，说："当然可以。"

"那你能在网上搜到他们的信息吗？也许去之前可以通过领英或其他社交平台先和他们联系一下？或者先看看他们之

前发过的帖子?"

他又说当然可以。

"那么就没什么能够妨碍你和同事们社交的了。下次,你也可以通过社交平台找到你想结识的人的职位或者所在部门,看看他们在个人介绍里都有什么信息,比如在哪里上的学?有没有分享一些有关兴趣爱好的帖子?然后,看看他们是否有公开的个人简历。"

我接着说道:"举个例子,我认识戴尔科技公司的一名高级副总裁。每天早上,他都会发些相关佩罗敦摩托车手的帖子,这是他的新爱好。试想一下,如果我也是一名佩罗敦摩托车的爱好者,那么下次见面时,我就能和他聊聊这个话题。而你的潜在联系人也是如此,他们会发文章介绍自己的工作、关心的慈善机构、近期爱看的书。你所需说的,就是'期待下次见到你',然后确保下次谈话时,会提到那些他感兴趣的事。"

为着重说明这一点的重要性,并向他展示这一策略的成效,我和他分享了一个发生在我自己身上的故事。当我在美国内部销售专业人士协会(AAISP)演讲时,我和我的团队同在场的每一位副总都建立了联系。活动开始前,我们为居住在罗利-达勒姆三角区(我所居住的地区)的驱车范围内的所有高管,都提供了本地咖啡。活动期间,我们还为其他人安排了和我的见面会。这让我几乎没有自己的时间了,因为我们为每个人都安排了见面计划。我们做得可能有些过头了。

我现在正学习放慢工作节奏。

在活动开展的几周内，我与一家大型医疗器械供应公司和一家大型电信公司达成了数万美元的合作，还得到了一家世界最大的演讲机构的介绍。这个介绍很快为我带来了一次新的工作机会——报酬高达5位数的主题演讲，让我新结识了许多捍卫者，为我带来了更多的客户和工作机会，还让大众更加认可我的工作。

这一切都是因为，我在进入社交场合前，先在网上"做了功课"。

不要害怕同参加活动中的10～20人打交道。首先要关注捍卫者，其次是资源伙伴，第三位才是潜在客户或雇主。记住，一位捍卫者或者资源伙伴能为你带来成百上千名潜在客户或者雇主。他们才是改变你生活的关键。

好了，现在是时候知道自己应该在社交场合里说些什么话了。

第七章

社交场合里应该怎么做

每日往复的事务造就了我们。

然后你会发现，

优秀不只是一种行为，而是一个习惯。

——美国著名学者

威尔·杜兰特（Will Durant），

《哲学的故事》（*The Story of Philosophy*）

　　你看过电影《土拨鼠之日》（*Groundhog Day*）吗？

　　如果你看过，那么你会想起菲尔·康纳斯（Phil Connors）
[由比尔·默里（Bill Murray）饰演，令人惊喜的是，他也是一
位内向者]被迫每天一遍遍重复同样的生活，然后他决定在这
无限循环的一天里获取同事丽塔·汉森（Rita Hanson）[由安
迪·麦克道威尔（Andie MacDowell）饰演]的芳心。他花了数
周时间，尝试做出所有正确选择，以赢得一场完美的约会，他
不断试错，邀请丽塔参加不同活动，用尽各种方法摸清她的喜
好。他甚至还学会了新技能，如冰雕、弹钢琴等。他保留了一
些奏效的方法，并尝试用新方法解决成效不佳的问题。当然，
你应该还记得，直到菲尔变成了一个更好的人，这一切才得以
过去——就这点来看，我肯定这个方法并不适合你！

　　不过，我们通过《土拨鼠之日》可以了解到我的社交法
则中的一个关键思想：注重方法，不要拘泥于某一次谈话。
菲尔不断重复对丽塔说同样的话，做同样的事，每次只改变
某一处小细节，从而不断调整方向，最终得以和丽塔在一
起。而这恰好是我希望你能够在步入社交场合前能做到的。
你不应该期望第一次或者10次内就能取得完美成效。如果碰
巧发生了，那也只能算是一次意外收获。目前，我只希望你
能专注于更有条理的对话。每天都不断打磨这套对话，就当

作自己是《土拨鼠之日》的男主角一样。

这就是我这套方法真正的魔力。关键点并不只是争取到潜在客户、资源伙伴和捍卫者们的支持，而是要让他们感到惊叹。

为成功社交做准备

长大以后，每个人都说我患有阅读障碍。幸运的是，多亏母亲坚持不懈地带我去看医生，最终确诊我患有一种名为伊伦综合征的视觉加工障碍病症。好消息是，我只需戴上一副彩色镜片的眼镜，就可以正常开始读写生活了。但坏消息是，班上每个人都开始取笑我和这副滑稽的眼镜。除此之外，我的脸上还长满了青春痘。我至今仍记得和同学打球的那天，篮球撞到了我的头，砸爆了我脸上的一颗痘痘。对我来说，他们当时的嘲笑对我的伤害比球砸到我脸上还要深。

上述这些，只是让我自信心受挫的一小部分原因。对我来说，和朋友讲话都已经很困难了，更不要说去和陌生人讲话了。

但如今，我将过往那些逆境都视为孕育成功的种子。尽管我下定决心想改掉这一点，但缺乏自信，还是让我很难同别人交往。除非我能找到一种适合我的社交方式。

当我找到一些行之有效的社交方法时（似乎人们更喜欢

聊得来的人），我会尽可能每次都用同样的方式和他们沟通。然后，我便发现了一件有趣的事情。这种方法用得越多，社交就变得越自在，还能让我更自信。而我越自信，就越能轻松、顺畅和自如地同别人交谈。不用很久，我便能轻松同别人快速展开交谈了。

我发现了些非同寻常的事情：就是我可以一次又一次地使用同样的话术同别人交谈。而对他们来说，他们都好似是第一次听到这些内容。

想象一下，如果重复同样的内容100次，难道你不觉得自己会在重复第101次时做得更好些？你肯定会这样想。即便只有80%的人会按你的预想行事，你不觉得这也能让自己以一种更为放松的状态，有效地引导剩下20%的人开始交谈？

想一想：你通常会在什么时候把事情搞砸？在你最紧张的时候，对吧？我们内向者通常会把事情想复杂。我自己肯定会想太多！因为内向者常常纠结于自己要说什么。而在我们纠结时，时间便过去了好一会儿。当有人问了你一个你没想过的问题时，当有人猝不及防地跟你讲了个笑话时，当你强迫自己和别人交谈，但对方并未对你的职业做出你预期的反应时（比如我的邻居，就是那个健身房的老板），你大脑内的杏仁体会迅速进入"逃或战"的模式里。你并没有去思考别人说的话，因为大脑的大部分注意力都集中在让身体准备好应战或逃跑这件事上。

即便到了现在，我跟家人或朋友外出活动时，有时讲话

也会颠三倒四，或是一时语塞，不知讲些什么好。这并不要紧。事实上，只有我和妻子两个人在家时，这种事也经常发生。布里塔妮和我甚至会拿它开玩笑。当我自己注意到或是她指出来时，我会笑着说："我是个专业的演说家！"

但有趣的是，这类事很少发生在社交场合里。

一旦你搞定了这套社交系统，之后你便无须再对其进行频繁更改。如果你经常在同一个社交场合里跟同一类型的人（你的目标客户群）聊天，那么你选择的交谈对象所问的问题、所说的话，甚至他们所讲的笑话，很大概率都会是一样的。这意味着你永远知道自己要说什么。尽管对于你的听众来说，这不过是一场再自然不过的谈话了。

想达到这种程度的成功，你需要完善我提到的"社交剧本"，也就是说，要将你想说的所有话编写成一个剧本。

如果你读过我的第一本书，那么我想你已经领略过剧本的力量了。对于初次阅读的人来说，乍一听到这个想法，你可能和我很多客户和学生初次听到时的反应一样："马修，我想真诚待人。我并不想靠套路和别人交往。"

如果你的反应也是这样，那么我完全能理解。我最不希望的就是别人觉得我并不是真诚相待。我的个人信誉完全是建立在真诚这个大前提上的。所以说，你能打造出的个人信誉也应如此。

但我想问你个问题（每当有人好奇剧本是什么，我都会这样问他们）："你最喜欢哪部电影？"

曾经我有个客户回答的是《纽约黑帮》（*Gangs of New York*）。

我说："哇！我超爱那部电影！莱昂纳多·迪卡普里奥（Leonardo DiCaprio）是不是超棒？（顺便一提，莱昂纳多也是一位内向者。）他的表演就是很自然，对不对？"

"没错！他只是本色出演！"

"那你知道他其实是按照剧本来演的，对吧？"

他疑惑地看着我。

我继续说道："迪卡普里奥并不像电话推销员那样，照本宣科地念给你听。他是通过背诵台词，并不断练习，直至能够像平时讲话那样，自然流畅地表现出来。如果你能为自己编写出一个实景对话的剧本，那么你也能像他那样完美地演绎出来。"

说起剧本，那么我想分享我的另一个重大发现：在你步入一个社交场合前，先熟悉你要说的内容，这样能让你显得更加真诚和自然。这样做并不会削减你的真诚感。相反，它能让你冷静下来，从而全神贯注地参与交流。

毕竟，在刚接触一个全然陌生的人时，你是不是总会担心自己说错话？你是不是经常过于关注自己要讲的内容，导致偶尔会漏掉其他人所说的内容？那么，如果你已经预先知道自己所要说的话，你不觉得这样能消除很多压力和顾虑吗？

每当我和别人分享这一观点时，这总让我想起另一部电影《全民情敌》（*Hitch*）。威尔·史密斯（Will Smith）在片中

饰演一位恋爱专家，指点男人们如何追到自己的梦中情人。有一个场景里，希契（Hitch）说："女人们有没有想过，男人因为会紧张，所以才要事先规划？他们并不能确定自己向你表明心意，直接说出'我喜欢你！'后，你会有何反应。"

当然了，我并不是在建议你为下一次约会编写一个剧本（尽管我个人感觉，提早做些小小的计划的确能对你有所帮助）。我想说的是，你准备得越充分，越能让你更好地融入社交场合里的对话。提早准备，能让你知道自己要说什么，要做什么。做真实的自己，但也要有所准备。

如何邀请他人与你交谈

在之前的几章里，你已经了解了社交剧本由哪些必要部分组成。而你现在要做的，就是用你自己感觉真实的方式，将这些内容整合在一起。

正如我在第五章提到的，在社交场合，我总会第一个问别人："你好，你是做什么的？"我会认真地聆听他们的回答，对他们所说的事感同身受，并真诚地提出问题。我会将注意力全都放在他们身上，有些时候，这会不由自主地让他们关注起我，问我的职业是什么。我要做的，就是要等待他们主动提问，然后再按着我提前准备好的剧本回答他们。

下面是我为见客户准备的一个基本剧本：

"我是××（此处为你的'统一话术'）。"

他们会问："什么是××（'统一话术'）？××究竟是什么意思？"

"感谢你的提问！"

此处请注意，陈述方式要简明扼要，分享过程中要充满热情，和目标客户群分享你理解到的新内容，然后再告诉他们你能提供的三个问题解决方案或预期效果。

选项一："唔……我讨厌看到**目标客户群**……（描述碰到的**问题**）。"

选项二："我喜欢看**目标客户群**……（描述成功案例）；不过，我发现了……（描述**问题**）。"

"你认识这样的人吗？"

（等待回应，通常他们会说认识——尤其是你事先已经做了所有相关调查。）"嗯，我的任务就是要帮助**目标客户群**意识到/实现/克服/规避……（**获得时的愉悦或无法获取的痛苦**）。并不是……（**大多数人都会做的**），而是要将重点放在经常会被忽视/遗忘/当玩笑的三个简单步骤上。"

（表现出想要解释的样子，然后停下来。）

"事实上，你知道吗？我来给你举个例子吧。瞧，当我第一次遇见……（讲故事）。"

略带深意地结束，然后问："是不是听起来很不错？"

（等待对方回应。）

为了更好地展示给大家，我会讲一下，当别人让我解释

173

"助人快速成长的人"到底是做什么的时，我是怎么说的：

选项一："是这样的，我讨厌看到有些内向的小企业家们，尽管职业技能很强，却总被困在一个'仓鼠滚轮'里，努力寻找对自己感兴趣的潜在客户，向他们表现自己的特别之处，从而成功将自己推销出去。感觉他们在向客户推销自己时，好像只关注一件事，那就是价格。你认识这样的人吗？"

选项二："嗯，我喜欢看到拥有充足技能、激情、天赋和信念的内向者们，开创属于自己的一番事业。然而，我发现他们中的许多人最终被困在一个永无止境的'仓鼠滚轮'里，努力寻找对自己感兴趣的潜在客户，向他们表现自己的与众不同，从而与对方达成交易。你认识这样的人吗？"

他们当然认识。这几乎就是在照着我的目标客户群描述了。

然后我会说："我的使命，就是帮助这些企业家意识到，他们并不需要放弃他们理想的事业。因为有一种方法，既能让他们做自己喜欢的事，还能获取不菲的收益。这并不需要他们再精进自己的技艺，因为通常来说，他们的技艺已经足够精湛了。只需要三个常被人忽视的步骤就能达成这一点。事实上，你知道是哪三步吗？不过，我先来给你们举个例子。当时，温迪（也可以是惠特尼或德里克）第一次找我的时候……"

最后，我在分享完经验时说道："是不是有点道理？"多数人会说"很有道理！就是在说我！我也需要温迪获取的建议！"，或者是"我也有和温蒂一样的问题！"，再或者"哇，你真是个行家。虽然我自己并不是一个小企业家，但我想把

174

你介绍给……"。

你瞧，这就是他们刚听完一个充满激情、使命感和故事性内容后的反应。在感受到我言语中的兴奋与热情后，他们怎么能不受其影响？如果他们是我的潜在客户、资源伙伴或捍卫者，那我们的关系怎么可能不会进一步发展呢？

事实是：正如我在前几章中提到的，大多数人在过去的几天、几周、几个月，甚至是几年里，可能都没有碰到过一个能让他们提起兴致的人了。如果你能做到这一点，哪怕只有一秒，能让他们觉得很赞，那之后他们也会想要和你进一步交流。

现在，如果你和大多数人一样，那么你可能会想："真的有人愿意听那么久吗？"通过我和我自己、客户和学生开展过的数千次交谈来看，我可以毫不含糊地回答你：这是真的！

我们的方法之所以能成功，有以下几个因素。第一，我们所设计的剧本是双向的，并不是独角戏。第二，感谢"统一话术"的力量，他们会因此向你了解更多信息。你并没有强行告诉他们什么，你不过是为他们简单解答疑惑罢了。第三，由于你表现出对他们说的内容非常感兴趣，所以他们也会这样礼貌地回应你。第四，如果你认真地做了相关调研，那么你同目标客户群或其他相关人员的谈话方式也适用于他们的熟人。第五，一旦你开始讲故事，他们的镜像神经元就会开始向大脑发射信号，告诉他们"故事时间到了！"。

记住：大多数人并不太擅长社交。所以，即使你做得并

不够完美，但仍比那些推销员、漫无目的或毫无计划的人要好得多。

你甚至还可能发现对方希望当场就能与你达成合作。虽然这听起来很理想化，对吗？但我们先来看看，究竟是什么引发了问题，以及问题产生时我们应该如何处理。

别急着达成交易

几年前，当我在奥斯汀的一场商业活动中做志愿者时，我遇到了加文（Gavin）和雷（Ray），他们刚刚购买了销售培训的特许经营权。

活动里，每位小企业主都有15分钟的时间同每位导师沟通、获取建议。当时，我们的谈话时间还未过半，他们就问我是否考虑和他们一起工作，并立刻询问了我的报价。

当然，我很想抓住这个机会，尤其当时我初来美国，希望自己的品牌能够有机会脱颖而出。但恰恰相反，我并没有当场答应他们，我回复道："我很荣幸你们愿意与我进一步合作。毫无疑问，我的确能帮上忙。然而，我今天在这里的重点是'回馈'。在这种氛围下同你们聊生意，感觉就是在浪费你们对我的这份信任。如果你们愿意的话，我希望我们可以改日再谈。"

他们当然同意了。

于是，我们约好次日详谈。详谈后，我们便决定合作了。但这次交流背后有个很酷的细节：当天活动结束后，他们就在回家路上讨论过，只要我的报价在一万美元左右，就决定和我合作。他们还评价说，我没有当即抓住机会促成合作，反而培养彼此间的信任与尊重，巩固了我在他们心目中的价值分量。总之，我之所以愿意说"现在还不行"，是因为我会站在对方的角度思考，从而促使交易能够真正达成。

如果有人说自己想和你合作，无论当时条件有多么诱人，都不要试图在社交场合里达成协议。这可不是个详谈工作的好地方，因为你很可能会操之过急，对话还很容易被其他人打断，让对方感觉不舒服。相反，你可以这样回答："我很荣幸能有机会跟您合作。不过，我现在还没能充分了解您的需求。如果您有意向，我希望下周/下个月，能有机会和您打个电话/简单面谈/喝个咖啡/吃个晚饭，进一步探讨一下您的需求。您看方便吗？"

请记住，我们的目标是达成这笔交易。而达成交易最好的机会，就是做好准备，在现实中安排一次会面。

结束时约好下次见面的时间地点

那么，要是对方没有立刻向你询问报价或相关事宜时，你应该怎么办？要怎么才能使一次绝妙谈话圆满结束呢？

你已经"演"完了自己的整套剧本，讲完了故事，并以"这是不是听起来很不错？"结束了对话。那么，现在该怎么办呢？

一段时间的反复练习后（这也遵循重复越多，越可预测的原则），你会想到一个新策略，营销人员将其定义为"行动召唤（CTA）"。"行动召唤"指的是通过一系列短句引发对方做出自己心中预期的回应。不断准备、练习"行动召唤"，这将会极大程度提高你的能力，从而将一次良好的对话转化为一笔可观的收益。

你需要为潜在的目标客户、资源伙伴和捍卫者分别准备一套"行动召唤"。以下是我建议为每组分别准备的内容：

对于潜在的捍卫者，你可以说："××（姓名），我真的很喜欢这次的谈话。不过，我不希望全然霸占您的时间。如果您需要和其他人交谈的话，随时请讲。我可以给您发邮件邀请您吃午餐或喝咖啡吗？您愿意吗？"如果必要的话，你也可以再做一两次介绍。

如果你已经确定了这个人是一位潜在的资源伙伴，你可以这样说："××（姓名），我真是很高兴能和您交谈。不过，我并不想独占您的时间。此外，我还得和现场几位朋友打个招呼，之前答应过他们。等我回办公室，我肯定会把我答应介绍给您的人介绍给您（或者说我会把一些我觉得可能对您有所帮助的人介绍给您），您看可以吗？"

最后，如果对方是一位潜在客户的话，特别是他们已经告诉了你，自己遇到了与你刚讲的故事里提到的相似问题时，你可以按下述内容继续。"如果你愿意的话，我们可以安排一次简短的电话沟通/视频会议/喝杯咖啡/吃个午饭，我可以给你讲讲，我之前是怎么帮助温迪的故事。你觉得可以吗？"（重点是，你要以一种毫不在意能否达成交易的态度讲出这些内容。毕竟，你只是想帮点忙。）因此，你只是提供给对方一次免费且有针对性的建议或提议，但这样就会快速积攒很多人的信任，这种信任度足以让他们基本都乐意接受你所提供的无偿帮助。

一旦他们接受了你的提议，你可以回答："太棒了！虽然我知道自己接下来几天的日程都安排得很满。"然后，拿出你的手机，并说："但是，（看了看手机）或许我可以安排在**某天**早上的**某点**，或**某天**下午的**某点**。哪天你更方便一些呢？"我总是喜欢为对方提供一周中的两个不同日子的不同时间，一个时间段在上午，另一个在下午。这就会让他们的注意力从"我真的需要现在就安排时间吗？"变为思考一个更为合适的会面日期。

现在，我还有一个技巧，每次都会在社交场合里使用它。这个技巧为我挖掘潜在客户带来了极大的帮助：对于那些还没有拿定主意要跟我再次会面进一步交流的人，主动向他们发送一封邮件，提议免费为对方提供一些有价值的信息。我发送这封邮件起初只是为了试图帮助他们解决自身问题，但没想到，无意间它竟然还给我带来了后续意想不到的收获。

其实就是这样。这些简单的"行动召唤"连同你的整套剧本和故事，就可以快速有效地帮你拓宽人脉，为你带来可观的收益。

当然，不论你是和谁交谈，并不是每件事情都会完全按照计划进行。但即使只有80%的部分按着计划发展，想想看，这会对你的社交产生何种积极影响。

我给你举个例子，来说明两者的区别。

策略"给予者"遇上交易型"索取者"

在出席会议前做研究时，我打开了主办方提供的活动应用程序。在这个程序里，我可以看到所有参加或出席此次活动的人，可以了解到他们的职位，还能一键查看他们在领英上的个人资料。正如我所建议你的，我开始联系每一位我认为有可能成为我的捍卫者或资源伙伴的人。我接触到的其中一位是国际商业机器公司（IBM）的高管汤姆·德克尔（Tom Dekle）。我注意到，他和我居住在同一个城市——北卡罗来纳州的教堂山（Chapel Hill）。在他的领英个人资料中，我还注意到他是营销终身成就奖的获奖者。

他并未回复我。

不过，在活动现场，当我从他身边走过时，他显然认出了我。虽然这看起来像是一次偶遇，一次极为幸运的机会，要记住路易斯·巴斯德提过的一个观点：机会总是留给有准备的人。

大多数人参加活动时，会先找个地方坐下、站着，或是干脆躲在某个角落里。而我会先在活动现场四处走动，然后寻找那些我认识的面孔，或是寻找那些认识我的人，主动跟他们微笑打招呼或进行眼神交流。我通常在几分钟内，就能找到一次"机会"。做好这件事的关键，是要随意地从一个地方走到另一个地方，总是看似要去某个地方，但并不着急的样子。我经常从吧台走到卫生间，然后到餐饮区，如果需要的话，我甚至还会走到外面，假装打电话，直到"偶遇"发生。不用说，在一个小型社交场合里，你只能这样做一两次，不然就会看起来很奇怪。但如果你事先就和对方联系过，你会发现很快就能"偶遇"到对方。最坏的情况是，走到外面后，估算好时间进去，以便恰好能够在进门那一刻"偶遇"你想遇到的人。接着帮对方开门，然后说："看来你也刚好要进去啊？"这也许就能帮你开启一段对话。

起初，我只觉得汤姆有些眼熟。毕竟，我之前联系过很多人，他并没有回复过我。但他在自我介绍后，我便想起他是谁了，想起了我们都住在教堂山这件事。

我们开始聊起了城市，发现我们的妻子都喜欢同一家书店，我们都喜欢同一类美食餐馆，而且还都喜欢费林顿村。然后，我们开始聊起生意上的事情。当然了，这让我对他和他所做的一切都产生了兴趣。没过多久，我就开始向他分享

我的"统一话术"、我的热情和使命。

最后我说："汤姆，我真的很享受这次交流的过程；不过，我并不希望占用您的全部时间。如果您还需要和其他人聊天的话（注意这里的关键词'需要'），也许我能帮您介绍一下。或者说等回到教堂山后，我们一起吃个饭吧？"（你会注意到这套话术，是我为潜在捍卫者所准备的。）

铺垫好内容以结束对话，暗示我很尊重他的时间，并不是如"菟丝子"一般的索取者。这也表明"我们是平等的。我们是一样的。我想建立一段真实的关系。我并不是为了自己考虑。这也不是什么自我推销"。这也保证了我并不会耽搁太久，惹得他心生厌恶。我给他指了一条简单的出路，他可以说："谢谢你，马修，我真的很感激你这样说。祝你之后一切顺利。"

相反，他回答道："不，不，马修，我真的很享受我们之间的这次谈话。要是你没有其他事情要做，我很乐意和你继续聊下去。"

很好！现在，我得到了他的许可，可以继续对话了。

快进10分钟。我们在说话时，我看到了一个家伙快步走进宴会厅，他环顾四周，注意到了我们，然后就直奔过来了。"嘿，伙计们，这里我真的谁都不认识，"他说，"介意一起聊一会儿吗？"

不幸的是，他在不知情的情况下就已经出师不利了。当两个人面对面交谈时，显然他们是在进行一段私人谈话，这是一个不愿旁人打扰的信号，就像我和汤姆此时的状态一样。我的好朋友以及我的"捍卫者"伊万·米斯纳称之为"封闭式社交圈"。

然后他问道："你们两个是做什么的?"我们简短地做了回答，然后他接着说："太好了! 那你们的建议肯定值得采纳。我能问你们几个问题吗?"然后，他开启了一段长达15分钟的问答环节。尽管汤姆和我都毫不吝啬地回答了他的问题，但还是感觉有点尴尬，因为我们都觉得，刚刚就在我们聊得正起劲时，他的突然闯入打断了我们。因此，问题回答完后，最终自然出现了令人尴尬的停顿，他也意识到自己应该离开了。

我不得不承认，我自己也犯过不止一次这样的错误，所以我的确有些"怜惜"那家伙了。

他刚一离开，我和汤姆便继续享受我们的交流。我们又聊了大概15分钟，然后我开始了事先准备好的另一段话术："汤姆，我很喜欢这次的交流; 不过，现在餐饮服务似乎马上就要撤掉了。要是我让你今晚饿肚子的话，你可能永远都不会原谅我了。不得不说我也饿了。过几周我请你喝杯咖啡，你有空吗? 那时候我们可以再进一步聊聊。"

明明事情发展得这么顺利，为什么我还要这样说?

请记住: 我喜欢让对话愉快地结束。毕竟，这是个能让你得到后续面谈机会的最佳时机，对吧?

汤姆回答说："好呀，那真是棒极了! 那就这么说定了!"

之后晚些时候，我做了一件我称其为"最后一圈"的事。在一次正式的社交活动上，在我感觉活动即将结束时，我会找个机会，最后再绕场地走一圈。就跟我刚到时一样，在活动现场随意走动一圈，不过这次，我只想找跟我主动眼神交流的人。通常来说，有些是之前和我聊过的人，有些是活动前我联系过但还没面谈过的，还有些是刚刚听到我和其他人谈话的人。通常情况下，他们这样说："我希望能在你离开前和你聊一聊。"然后，他们要么会提个问题，要么会问能否约个时间进一步致电沟通。我经常对回家前转最后一圈时收获的诸多交易感到无比惊讶。

"运气"使然，我朝大门走去时，恰好"碰"到了汤姆和另外两位IBM的高管。

"马修!"他说，"我们正打算离开这儿。要不要和我们一起去喝一杯?"

哇! 多棒的机会! IBM的高级副总裁、营销终身奖获得者邀请我去喝一杯! 还是和其他两个高管一起!

但我礼貌地拒绝了他。

"非常感谢您的邀请。我真的很想去;但我明天还有很多事情要处理。要是今天没有好好休息的话，恐怕明天我没法以最好的状态迎接它们了。我们可以改日再约吗?"

"当然可以，"汤姆回答，"我期待很快与你在教堂山碰面。"

当我回到宾馆时，我在领英上关注了那两位IBM的高管，并感谢他们今晚的邀请。然后，我给汤姆发信息，为没能参加今晚的活动感到抱歉，并告诉他我的助理会尽快安排时间见面。

于是，汤姆就成了我非常信赖的好朋友，也是鼎力支持我工作的一位捍卫者（他甚至还为我的这本书做了宣传）。在一场我们都参加了的活动里，那次场地比这次小得多，汤姆的鼎力支持，让一家医药供应公司成为我的客户，初次交易就达到两万多美元。要是我自己去的话，交易可能是没办法这么顺利谈拢的。

现在，我们来对比一下我的做法和前面那个伙计的做法，他事先既不做任何调研，也不清楚他的聊天对象（我和汤姆）究竟是谁，就直接闯入了我们的私人谈话，把讨论引向自己聊了15分钟。

不管他究竟想做什么，他的行为告诉我们，他此次来都是为了他自己，好比交易型"索取者"。可悲的是，他离开的时候可能并不知道为什么，可能只想着"社交失败"或者"今天只是不走运"。

另一方面，我以策略"给予者"的身份参加了本次活动，离开时已经认识了很多位高层管理人员和几位潜在客户。

这就是为什么我说90%的成功社交发生在会场之外。如果你专注于这套系统化社交法，而不是个别谈话，并在出席活动前做足功课，那么同别人交流就会是一件很容易的事情。突然间，你会变得非常"幸运"。

实践、实践，再实践

如何在社交过程中停止焦虑，提高自信？如何才能自然而然地用社交剧本同别人交流呢？

你需要练习。

好消息是，熟悉你的剧本并能够自如运用，并不会耗费你所想的那么久的时间。

我把它分成3个步骤：

（1）**叙述链接**：记住你的剧本和故事的流程。

（2）**想象**：想象一下自己是如何使用这个社交剧本的。

（3）**和伙伴一起练习**：同你信任的人一起练习角色扮演，确保自己的表述清晰，发现可能存在的遗漏内容。

我们来更进一步地分析这几个步骤。

叙事链接

你见过舞台剧演员表演迷人的独白吗？演出足够精彩时，你会不由自主地对他们能够一边表演，一边讲出大段的台词感到惊讶。

幸运的是，记住你的社交剧本会比演舞台剧容易得多。你并不需要成为一名演员。你只需要练习如何谈论自己，聊聊你的激情，告诉对方你的使命，讲给对方你曾帮助过别人的故事。

对于多数人来说，记住剧本的开头部分并不难，但要记住三个有关自己的故事，就会让人感觉有些畏惧。毕竟，这些故事通常会长达几页，里面满是自己想要表达的情感内容。

但我向你保证这真的很简单。

下面是我牢记我的第一个故事的方法：

首先，我会把整篇故事用18号字体打印出来，大约会打满四页纸，再用几个字将每段内容归纳成要点（几个字便足以唤起我的记忆了）。我会先读几遍第一段，然后试着根据刚刚写下的要点，大声地将整段内容讲述出来。如果过程卡壳了，且看要点也无法回忆起来，我会重新对此段内容进行修改和完善。

一旦我不借助要点就能复述出来，我便会转至下一段，重复相同的步骤。当我不看笔记就能背诵出第二段时，我会试着将两段合在一起背诵。通常只需提示一两次，我就能很快背下两段内容。接下来，依序背诵第三段、第四段……我只需要大约两个小时，就能完全记下并背诵出整篇故事。

就这样。你只需用这个简单的方法，重复练习几个小时，就能成功背诵下来。

重要注意事项：当你在打磨你的剧本时，你会不时碰到难题。这并不要紧。不过当这种情况发生时，请不要为了填补空白而即兴发挥。这会让你无法记住最初想表达的内容。最初的版本，是最简洁的，也是最好的。

所以，如果你卡壳或发现自己正在编造细节时，你必须停下来，回到正轨。歇口气，看看能否回忆起剧本上的内

容。如果没有，检查你遗漏的部分，再次练习，然后再从头开始背诵整篇内容。这个过程有时会有些乏味，特别是你在最后某一段犯错误的时候。但将整篇内容背诵得滚瓜烂熟只是时间问题。所以要坚持下去！

想象力是你的朋友

在我20多岁的时候，为了更好地了解语言和思想及其对情绪和行为的影响，我报名参加了神经语言编程（NLP）培训课程。

培训过程中，我们的一位教练，布拉德·格林特里（Brad Greentree）给我们讲了一个他以前教导学员通过想象力模拟练习，从而成功潜水的故事。

他分享说，在这次意外发现之前，他可能还是会签下一整批新学员，让他们穿上装备，带他们上船，然后要求他们依次潜入水中。如果你去潜过水，那么你会知道把头埋在水下一直呼吸是件多么不自在的事。作为一名拥有潜水执照的人，我可以证明这是件令人感觉非常不安的事情——尤其是在第一次下船潜水的时候。你担心撞到头，你会喊道"我的天啊，糟了！"。刚进水里，你会有些迷茫，需要不断提醒自己是可以在水里呼吸的。

经常有人在刚一入水就开始惊慌失措。为了使他们冷静下来，他不得不把他们带上岸。因为他是独自带队，带一个人上岸就意味着其他所有人也都必须回到船上，重新开始。

更糟糕的是，当所有人都回到船上，开始准备第二次尝试时，其他人慌张的概率几乎增加了一倍。每个人都能注意到其他人的恐慌，然后不得不坐在船上，在长达半小时的驾驶过程中胡思乱想，思考轮到他们的时候会是怎样的情形（想象力既可能帮到你，也可能对你不利）。

他的第一个解决方案是雇个人和他们一起，这样他就可以继续带团潜水，而他雇的那个人会带恐慌的人回到岸边。但之后，他几乎赚不到多少钱。

就在这时，他遇到了一位神经语言编程培训课程的老师，提出了一个他以前从未想过的办法。

他说："在前往潜水地点的途中，可以让学员们闭上眼睛，先想象一下自己下船潜水的情景。然后让他们试着想象自己在和鱼一起游泳，手掌拂过海底的沙子，眼睛凝望着美丽的珊瑚。之后再想想所有人回到船上，相互击掌，庆祝这次美妙经历的样子。"最后，这位老师还建议他，在带领学员们下潜前，至少再让他们想象一次整个情景。

布拉德告诉我们："这个方法行得通！"之后，他的学员很少有人会感到恐慌了。

为什么这个方法能起效？因为我们的大脑并不能区分真实场景和虚构场景。就潜水员的蜥蜴脑和边缘系统而言，它们会感觉机体至少已经成功下船潜水了两次。

我在社交场合发言时，也会采取这样的可视化技巧。当我发现自己有些紧张或焦虑时，我会想象自己正走在台上，

每个人都在听我所说的每一句话。当我说完最后一句时，所有人都会起立为我鼓掌欢呼。然后，我会想象自己面带微笑地离开会场，回到酒店的房间，跳上跳下地庆祝，就像小孩子刚得知父母要带他们去迪士尼乐园那样。

我将这种方法用在社交上。我在下车前，会闭上眼睛，想象自己走进了社交活动现场。刚走进大门没几分钟，我就碰到了我一直想见的潜在捍卫者。接着，我又碰到了一位潜在的资源伙伴。然后，又遇上了一位潜在客户。离开活动现场前，我会一边想象着有人示意我过去聊聊，一边绕场走完最后一圈。当我走过去时，他们告诉我，刚刚无意听到了我和其他人的谈话，想问问我是否愿意留个电话，之后详谈一下。最后，我会想象自己离开活动现场，回到车里，低头翻看我收到的所有名片，回忆本次活动里接到的所有邀约。睁开眼睛前，我会花时间回味自己当时的感觉——通常来说，都会让我感到非常兴奋和激动！

每当我这样做完，我所有的焦虑、压力和担心都会烟消云散。

但想象力的实用性远不止于此，它还可以有效帮助你进行剧本练习。一旦你记牢了剧本，你可以闭上双眼，想象自己走进了社交活动现场，与潜在的客户、资源伙伴以及捍卫者对话。构想一下对话时的场景，尤其是在你按剧本行事的前后情景。试着想象一下可能出现的所有情景，那些你从未预料过的评价（第一次构想时，可能会想到很多内容），慢慢

190

睁开眼睛，记录每一个了不起的想法，编进你的剧本。然后闭上眼睛，重新开始。

很快你就能找到一切答案。大脑经历多次成功后，不仅能让你对自己的社交能力更有信心，实际上还会让你处理事情时，变得更加得心应手。

然而，在你进入会场前，我还希望你能做到一件事。

和伙伴一起练习

一旦我觉得自己完全准备好了，我会让妻子、同事、员工、父亲、母亲，或朋友和我一起练习角色扮演。先让他们饰演一些宽容随和的人，之后再尝试扮演些棘手乖张的角色。这不仅能助我更好地掌控剧本流程和推进节奏，还可以帮我查漏补缺，挖掘出那些我尚未计划好如何应对的情形。

在此之前，记得花点时间，先向协助你的人详细描述一下你的目标客户群是什么样的。我之所以这样大费周章，就是为了能够更为真实地去情景再现。在清楚需要扮演的角色后，他们问的问题就会更接近真实情况。

如果你采纳这条建议，只需准备几小时，就能在下次社交活动中收获比过去20年里更多的收获！

是的，这会需要你花些功夫。的确，它还会把你推出舒适圈。

但这是你得到应得报酬、获取应有尊重的入场券。

花点时间，把事情做好。

第八章

被人遗忘的一步

长期坚持胜过短期爆发。

——世界武道变革先驱

李小龙

你去过农贸市场吗？

提起农贸，你会不由得想到，种出那些漂亮新鲜的农作物需要耗费几个月的时间。

你能想象春天播种时，农民需要犁完每一寸土地，再把所有种子播种在地里的情景吗？但田间工作并不止于此。在作物生长期间，你必须确保它们都能获取生长所需的水分和养分。等到收获的季节，你还得去收割全部的作物。直到那时候，你才能把它们带到农贸市场售出，将自己的劳动果实变现。

要是播种和收获阶段，农民不去照料他们的作物呢？要是他们让这些种子自己生长呢？不浇水，也不施肥——什么都不管呢？那他们还会收获那么多的庄稼吗？也许能收获一些，但远比不过精心照料后收获的多。

没有后续跟进的社交，就像被农民忽视的作物。

虽然你也能有所收获，但如果没有后续跟进，那你肯定无法和理想中的目标客户、资源伙伴和捍卫者建立起联系。这些联系，需要耗费更多时间去培养。

试问自己：有多少次你在社交场合/会场里"播下了种子"，让对方对你有了些兴趣，然后却忘记、忽视，甚至是有意避免花些时间去"灌溉你的作物"？有多少次你带着一叠名

片回家，看着它们，心想：

"我跟那个人聊得很尴尬——几乎没什么可说的。我可不想再来一次。当然了，机会有可能会落空，但要是我幸运的话，他还是会联系我的。所以，再等等，看看他们是不是会和我联系。"（他们通常不会联系你。）

"我想我已经让那个人相信了我的工作很有趣。我是不是应该联系他们？可是我不想这么做……我还是等着他们主动联系我吧。"（对方往往不会主动联系。）

"我帮了那个人那么多，但他们似乎只想我能免费帮助他们。为什么没人愿意付费？"（实际上，这个人本可能愿意支付。）

"我和那个人聊得很好，但除了能培养友谊，似乎没什么别的价值了。我得换个新的目标。"（这个人可能就是个超棒的资源伙伴。）

我明白你们的顾虑。我在学会用正确的方式与人交际前，也经常这么做，这么想。我的很多客户也是如此。

你还记得第二章提到的吉姆·科默吗？几经考虑，他最终艰难地做出了抉择，决定只专注于演讲撰稿和培训这一业务，明确目标之后，他又是如何靠着一点点努力，赚到了2万美元？

不得不说，这种成功并不是靠向新的潜在客户致电或面谈推销自己得来的。这些只需要后期的一点点跟进。你看，在圣诞节前的几个星期里，吉姆看了看日历，意识到了来年的工作安排并不乐观。事实上，是一项工作都没有。

当然了，这并不是因为他的业务能力糟糕。吉姆的工作能力很出色。也不是因为他没有外出社交，没有"播种"的机会。这一切都是因为吉姆的跟进能力十分差劲。他讨厌去做跟进。那样让他感觉是在强买强卖，纠缠不休。因此，他几乎总是在等待，希望他联系过的人会来找他。

当对方没来找他时，他会对自己进行各种自我批评，比如"他们肯定去找了更年轻的人合作"，或是"我敢打赌，他们肯定觉得我的报价太高了"。

但吉姆并未跟进，又怎么能知道实际情况呢？也许对方家里有急事呢？也许他们把裤子丢进洗衣机却忘了名片还在口袋里呢？这种事情发生在我身上不止一次。也许有人侵入他们的电脑，让他们遗失了邮件地址呢？又或许他们只是忙于工作，推迟了计划呢？

我对他说："持续跟进至关重要。不要一直担心自己是不是在强买强卖或是纠缠不休，这会让你的注意力集中在错误的方向上。有时候，打个电话、发封邮件或是发条简讯才能让潜在客户积极行动起来。如果你不去跟进，对方可能还困在麻烦里，或是忘记要联系你获取自己需要的业务。你应该为他们，也是为自己，去主动跟进。"

我的话鼓舞了他，他最终说道："好吧，我会去跟进的。我会给近期交谈过的所有潜在客户发封邮件或打个电话，看看会发生什么。"

短短几小时内，吉姆的日程安排就有了翻天覆地的变化。他不仅收到了多个团队的来年工作邀请确认函，而且对方的回答让他大吃一惊。其中一个人几乎立刻回复他："天啊！真高兴你联系了我！我们的董事会一致认为你是我们活动的完美人选！但不幸的是，我们这儿出了些状况，大家谁都找不到你的联系方式了。我们差点就要重新开始找了！我们想跟你预约一下合作。你的时间还安排得开吗？"

稍稍跟进的效果真是太神奇了！

现在，我们来聊聊怎么跟进捍卫者、资源伙伴和潜在客户。

如何跟进捍卫者

如果对方可能成为你的捍卫者，我建议你给他们简单发一封邮件，参照下述内容：

××（姓名），很荣幸今天能和你交谈，还了解了你工作里发生的那些激动人心的事情。听到……（自定义信息：一件与你的热情和使命相关的事情，或者万不得已，讲一件他们的确感兴趣的事情）我备受启发。

我很高兴你愿意继续和我聊下去。不知道你什么时间方便，我们可以再见个面？（附上4个时间段，近期2个，晚些日子2个。每个时间段都定在一天的不同时间，上午或者下午。）

当然了，很期待和你再次见面，也许能一起喝杯咖啡。不过，要是你近期很忙，我们也可以选择语音或者视频通话。

我期待着不久就能收到你的回信。

另外，（必要的话）聊天时提到的……（期刊文章、新闻报道、统计数据、书籍或其他对他们有用的内容）我已经附在邮件里了。我希望你也能觉得它有帮助/用处/启发。

如果我还没有准备好马上与他们面谈（他们不仅仅指捍卫者），我会先通过领英（现今值得选择的专业平台）与他们联系。我还会在能找到的其他社交网站上关注他们，希望他们也会关注我。我还会在脸书上向我的捍卫者和资源伙伴们发送好友申请。如果我发现目标客户通过脸书进行商务合作，或感觉他们乐于添加好友，我也会向他们发送申请。

如果我与某人还不是领英好友，在申请好友时，我通常喜欢发送下述内容作为好友申请信息。如果我和他已经是好友了，那么我会将其当作私人消息发送过去：

××（姓名），很荣幸今天能遇见你，而且很高兴能听你讲的……（邮件内容里提到的相似自定义信息）。我刚刚给你发了一封邮件，里面有提到几个可以进一步面谈的时间段，不知道你有没有收到这封邮件呢？我发现最近垃圾邮件过滤器让人很烦！

考虑到捍卫者平日工作很忙，且社交量较大，我通常会等2～4周。如果他们仍未回复，我便会进一步跟进。

如果发送1～3条信息后，对方没有任何回应，不要气

馁。你可能并没做错什么事。绝不要把它当作对方的拒绝信号。许多捍卫者每天要收到上百条邮件或消息，同样，许多影响力大的人为了测试你，甚至还会故意忽视你的信息。

杰弗里·吉特默就是个很好的例子。

2017年，我刚刚完成我的第一本书，并想找一位影响力较大的人物为我代言。我的编辑蒂姆·伯加德（Tim Burgard）特别推荐了一个人。"我知道他不是一名内向者，"蒂姆说道，"但如果你能得到《销售红宝书》（*The Little Red Book of Selling*）的作者杰弗里·吉特默的推荐，大众选择这本书的可能性会大大提高。"

"虽然我没有杰弗里的联系方式，但我会想办法联系到他的。"我回答道。

我在领英上搜了一下他的姓名，我发现我们有几位共同联系人。通常来说，要是能让三个人帮我介绍，我基本上就能和想认识的那个人建立起联系了。

不幸的是，我的三位联系人介绍他认识我后的几天里……什么都没有发生……杰弗里并没有回复我。

那周晚些时候，我在和杰哈德·葛史汪德纳（在工作上帮助我很多的捍卫者）例行通话时（我的资源伙伴朱迪·罗宾奈特介绍我们认识的，还记得吗？），我问他认不认识杰弗里，他说认识，并马上通过邮件介绍我们认识。他甚至还在介绍过程中，让杰弗里为我的新书做宣传。

这一次，杰弗里回复了信息，并同意为我的书做宣传。

然后，为了增进我们的关系，我在信里写道，我很想结识他，亲自谢谢他，还想看看怎样才能报答他的支持。他并没有回复。

我再一次跟进了。这回我和他讲，我一直有在听他的播客《销售或灭亡》(*Sell or Die*)，还提了下我很喜欢的一集。我还提到，回顾往期内容时，我发现他从未探讨过"内向型销售"这个话题。信中我还表示，我很荣幸能帮他进行调整，以更好迎合他那部分铁杆粉丝。（请注意，这次的信息里并未提及我的个人信息，也未进行任何自夸，而是提到了如何服务他的听众，弥补节目空白。）

但，他还是没有回应。

最后，我在领英上给他发了条消息，告诉他我要去夏洛特市（他住的地方），可以借此机会见个面，具体的时间地点已经通过邮件发给了他。请注意，我并不只是发消息问他："你收到我的邮件了吗？""你有什么想法呢？""只是确认一下我的邮件是否送达"。相反，每封邮件都需要添加些新的信息。

他的答复是："好的！"

在晤谈过程中，我们讨论了坚持这个话题。他说他有一个"三跟进"原则。任何他不熟悉的人，如果没有后续跟进三次，他通常是不会回应对方的。他只想和那些真正有诚意的人交流。

面谈后，他和未婚妻珍妮弗（Jennifer）表示他们很喜欢今天的谈话，并问我接下来有什么安排（珍妮弗是他的播客

合伙人，现两人已结婚）。最后，他们调整了行程安排，带我参观了夏洛特市。他们甚至劝我和布里塔妮应该考虑搬到这边住。

一周后，他们在Instagram上贴了一张照片：手里拿着我的第一本书《内向者的优势》（ *The Introvert's Edge* ），并表示他们"朋友的"这本书让他们读得"热血沸腾"。多么荣幸啊！要是我没有坚持跟进，那我恐怕会错过这次机会。

你应该像这样"呵护"你的捍卫者们。有时他们需要较多的关心与关注，才能够"茁壮生长"。但往往这些平日很忙的人最终会"结出最丰硕的果实"。

如何跟进资源伙伴

跟进资源伙伴是件相当简单的事情。

在与他们交谈时，你只需主动介绍他们认识1~3个人。我通常会介绍播客播主给他们认识，因为他们通常都在寻找新的、有趣的人，或是资源伙伴。在未取得我的认可之前，我不会介绍他们认识我的捍卫者们。只有确定了他们也是有价值的给予者，我才会将我宝贵的好友介绍给他们。

希望你的潜在资源伙伴也能立刻介绍几个他们的私人好友给你。不论如何，在你空闲的时候，尽快给对方发送这份承诺。

如果你已经介绍了一个人给他，那么请立即发送这则信息。这能向你的潜在资源伙伴证明你是个信守承诺的人。同样，这么做还能为你们后续进一步发展奠定基础。这一切都是为了促使彼此相互帮助，进一步发展。不要纠结于得失。要记住，你是一名给予者。要自信点，相信对方会回报你。

如果你已经介绍了两个人给他，那么先立刻完成第一步，然后等几天再进行第二步。介绍三位联系人也是同样的逻辑：先介绍两个人给对方，然后等几天再介绍第三位。

为什么？人们会因为忙碌而忘记一些事情。推迟介绍最后一位会促使对方这样想："哦，他又介绍了一个人给我，不过我还没给他介绍过一个人呢！我最好动作快点。"

在发送第一封介绍电子邮件后，再通过领英发送一则个人邀请或消息：

××（姓名），很荣幸昨天能见到你，我也很享受我们那天的谈话。之前我答应过你，要给你介绍……（1个人或是几个人），刚刚已经发给你了，你收到了吗？我发现最近垃圾邮件过滤器真恼人！

我希望他们能对你有帮助。

回见！

我并没有在心中为资源伙伴们设定回复截止日期，我只会等着看他们是否会回复我。如果他们没这样做，那也没关系。我知道他们还没有准备好成为一名给予型的资源伙伴。这意味着我只介绍了几个人，就摆脱了一位"索取者"。天啊！顺便一提，我仍重视为播客播主或我的资源伙伴提供新的价值，所以我仍会物色新的资源伙伴。

如何跟进目标客户

对于潜在客户，可以根据初次谈话时的情况，选择以下两种方法中的其中一种进行跟进。

如果对方同意后续跟进讨论，而且你当场就敲定了时间地点，那么你要做的跟进内容，就是简单发封邮件确定会议细节。我会这样说：

××（姓名），昨天很高兴见到你，我很开心我的提议能对你有帮助。

我非常期待能在本周五（17日）下午1点（美国东部时间）和你碰面，进一步了解你的需求。

我会在邮件里附上邀请函。

见面前，我强烈建议你抽出一点时间看看下面的帖子/视频/播客采访（附上链接）。

（简单介绍一下链接里的内容对他们有什么帮助，不建议掺杂任何宣传介绍。）我想你能从中有所收获。

期待与你尽早碰面。

（附上邀请函。）

如果你并没有计划之后致电联系，但有人问怎样可以联系到你，那么你的信息应该这样编写：

选项一：××（姓名），很高兴昨天能见到你，并与你交谈，也很开心你能觉得我的建议有帮助。

正如之前说好的，我方便见面详谈的时间段如下。

（在一周的某两天里，选择一个上午，一个下午。）

哪个时间方便见面呢？

期待你的回复。

选项二：××（姓名），很高兴昨天能见到你，并与你交谈，同样，很开心你能觉得我之前给你的建议有帮助。

我们之前碰面时说好之后要面谈一次的。点击下面的链接，可以直达我的日程安排app，你可以直接在上面预约。

（附上日程安排链接。）

期待与你尽早碰面。

你会发现，在选项二里，我附上了一个日程安排链接。我强烈建议你也这样做，因为像Calendly或者OnceHub这样的线上日程安排预约工具，可以有效避免对方没完没了地问"那个时间我可能不太方便，这个时间你方便吗？"，它不仅可以避免这种无效消耗，还可以防止对方突然消失。

毕竟，人们总喜欢及时满足自己的需求。当他们做好准备，想要和你约好时间电话详谈时，他们并不想再多等待。如果他们不能马上和你定下时间，他们很有可能会去搜索一下，寻找其他人。你应该不想让这种情况发生吧。

而线上日程安排预约工具可以避免这种情况发生。这样

做能让你的目标客户放下心，让他们感觉事情正朝着他们预期的方向进行。

对待目标客户的方法，与对待捍卫者和资源伙伴的方法一样，你还需要通过领英发送一则个性化的好友申请或消息。我会建议这样写：

××（姓名），很高兴昨天能和你交谈。我刚刚给你发送了一封邮件，内容是关于我们即将/正在安排的面谈（或通话）。你收到了吗？我发现近期垃圾邮件过滤器真恼人！

期待很快能与你通话或收到你的回信！

跟捍卫者一样，从这里开始你就需要跟进了。（大约一周后）你可以先发一封邮件，（2至3天后）再通过社交软件发一条消息，（次日）再打一通电话，（再过2至3天）最后打一通电话，外加发送一条语音信息。

重点是要记住，跟上文中提到的杰弗里·吉特默一样，你需要在跟进的时候想一些特别的原因，提到一些新的信息。记住，提到的内容要与对方有关，不要只提及你个人。例如：

"我正打算到西班牙旅行，而且等我回来以后，日程可能会安排得非常满。不过在我离开前，我想和你聊聊如何解决……（简单提几句对方预期的改善结果），所以我想确定一下，我们是否已经定好了见面的时间和地点。"

"我马上要参加一个大项目了，但我并不想跟你不告而别。要不要通个电话？"

"我记得你说过你要去做……（特定事件），你想在那之

204

前……（解决问题）。不过，考虑到我的日程已经快要排满了，所以我来问问你想什么时间见面聊一聊。"

如果对方还是没有回复你，那也没关系。你可以用自己的方法，找到自己的潜在客户。你可以将你的方法分享给我，毕竟我们是在相互学习。

现在，停下来。坐回椅子上，深吸一口气。有了这最后一块拼图，现在你便掌握了这套系统化社交法中的所有要素，我和其他很多人曾也靠这套方法，一步一步实现了自己事业上的成功。

然而，截至现在，我们一直都在讨论理论知识、前期准备工作和模拟练习。下一章，我会带领大家走出办公室，步入社交场合开始实践。

第九章

反馈工厂

不断积累，由少变多。

——坦桑尼亚谚语

瑞安·戴斯是数字营销人的企业创始人，他不仅是在线营销领域有名的大腕，同样也是一名典型的内向者。

在播客节目《内向者的优势》采访瑞安时，我对他说："很多人都喜欢这个满是数字营销的新世界，因为他们相信，这意味着他们可以在家用笔记本和别人交流，无须有太多直接接触。在现今这个时代，你真的能不用跟顾客交流就直接达成交易吗？"

"没错！"他回答道，"迟早的事。"

然后，瑞安给我讲了一个关于自营产品数字营销人HQ新品发布的故事。他告诉我，和所有产品研发过程一样，起初这只是一个构想。但他知道自己想将它创造出来，所以他在流量转化峰会（Traffic & Conversion Summit）上宣布了这个消息。流量转化峰会是全球首屈一指的数字营销会议之一。他告诉在场听众："虽然这个产品现在还不存在，但如果你有任何疑问，或者有兴趣参加测试版，可以来数字营销人的展位进行咨询。我会亲自为大家解答各种疑问。"

在接下来的3天里，他与其他人进行了100多次交谈。"那是我一生中最糟糕的3天了"，他这样描述当时的感受。但最后，他精准了解到人们想要什么，不想要什么，讲什么故事会吸引他人注意，说什么话能引起他人共鸣。如今，依靠那3

天"折磨"中所收获的文案和销售剧本，他的网站上、数字营销人营销活动上以及他的内部销售团队，帮他卖出了大量产品。他说："要是没有那些谈话，我们可能永远也取得不了这样的成功。"

那他之所以费力跟人进行那么多的交流互动，其真正的价值又是什么呢？简言之，就是验证。瑞安能够通过一次又一次的快速对话，来验证、迭代和优化传递给对方的信息。

这也应该成为你关注的重点。既然你已经掌握了构建有效社交法所要的全部要素，并且已经熟练掌握了你的剧本，那么你头几次外出社交时，应该注重你所收获的反馈。我们的目标是要发现哪些内容有效，哪些无效，以及什么样的内容能够激发目标客户群的兴趣。

案例

验证成果的重要性

第一次进行验证时，虽然你肯定想去确认自己整个剧本和所有故事的表述效果，但先确认"统一话术"的效果要更为重要。你要确保它能够激发并吸引你的目标客户群，而不是拖你后腿，或起不到任何价值。

杰伊·卡利就是一个很好的例子。

我第一次见到杰伊时，他正挣扎在自己的个人线上培训业务上。那时他的确有几个常客，但他们并没有结清款项，且那段时间他已经8个月没有新客户了。

当杰伊在助你快速成长学院社区中分享了自己的作业，大家很快发现，尽管他曾为很多人服务过，但真正使他充满热情、感到非常成功的因素是帮助女性产后重铸信心。

杰伊为自己的新定位感到兴奋，他开始创作自己的故事，并确定了自己的"统一话术"。在小组的帮助下，杰伊很快就有了三个精彩的故事，并且他还定好了自己的"统一话术"：信心建筑师。他现在所需的只是一点练习，而且他已经准备好在实战中检验上述成果了。

很快，他就要到外地出席一个会议，他决定在会上试一试。当然了，你并不需要为了验证自己的猜想，特地参加一场会议；我的很多学生一般选择参加当地的线下聚会。而新冠肺炎疫情需减少出行期间，许多人会选择通过线上社交活动来进行验证。因已收到邀请，所以对杰伊来说，这次活动是个很好的选择，是个测试他的"统一话术"是否有效的绝佳机会。

抵达目的地后，杰伊打了辆出租车，出发前往当晚要入住的宾馆。在车上，当司机问到他的职业时，他回答："我是一位'信心建筑师'。"毋庸置疑，司机对此很好奇，所以继续问他那是什么。杰伊依照自己准备好且练习过的社交剧本，并给司机讲了讲之前经历过的精彩故事，最后

升华了一下主题，并问道："我的工作是不是很有意义?"

司机立即回复道："是的。说起来，我女儿刚刚生了小孩，现在希望能够恢复自己的体形……所以，你能给我张名片吗?"

当天晚些时候，杰伊到达了会场。其中一场小组会议要求所有参会者依次分享自己的职业："我是一位催眠师。""我是一位广告文案。"……每个人都根据自己的技能，阐述着自己的职业。

轮到杰伊的时候，他说："我是一位'信心建筑师'。"这是唯一一次，在小组会议结束前，有人打断问："那到底是个什么职业?"杰伊直接开始进行自己社交剧本的第一部分流程，然后问道："你们认识那样的人吗?"许多人都点了点头。看了看小组长并未因耽搁太久而恼火，杰伊继续说道："噢，我的任务实际上是帮助别人……"讲完第一部分内容，杰伊并没有继续展开后续的故事，而是结束了自己的发言，说道："不过，我不想占用大家过多时间，如果你想进一步聊聊，可以稍后再来找我。"

小组会议刚一结束，几个人就来问杰伊要了名片。

这是一个检验合格的"统一话术"。

顺便提一下，不到六周，杰伊的时间就被订满了。

当然了，尽管我也很想告诉你验证结果总会很理想，但事实并非如此。

还记得尼克·詹森吗？就是第二章里提到的，那个从一名骑牛士转做保险推销员的人。他最初为自己想到的"统一话术"是"金融牛仔"。

我说："尼克，虽然我也觉得这是个很酷的名字，但我认为这并不会带给你想要的效果。首先，我担心'金融'这个词会导致他人立刻将你大众化。其次，当我听到这个称呼时，马上想到的就是危险和欺诈。但这些内容与你毫不相干。"

但尼克非常喜欢它。他认为，这将他做牛仔的过去，与现在帮小企业家过上幸福退休生活的新职业联系在了一起。他真的很想用这个作为他的"统一话术"。

我说："尼克，你认为这个称呼能够代表你的一切，这点很重要。你能喜欢它，这点也很重要。但问题是，这个称呼还需要和你预期的目标客户群产生共鸣。要不这样吧……为何不在社交实战中先试用一下这个称呼呢？看看他人有何反应？"

不幸的是，正如我所担心的，验证结果并不理想。

那我们从头再来。

没过多久，尼克就想出了一个新称呼。这个称呼，我感觉能够体现他热衷于拯救像他爷爷那样小企业家们，避免他们过上不幸的晚年生活。然后，尼克就成了"小企业家的急救员"。

今天，正如你在第二章中看到的，这个新的"统一话术"让他获得了更多的佣金。而且由于他的工作效率很高，他还可以根据家庭生活需要决定自己的工作时长。

另一个很好的例子是夏琳·韦斯特盖特，你或许还记得她帮助人们创造后院景观"绿洲"，以抵御亚利桑那州的高温气候。她起初想称自己为"景观设计师"。虽然读起来朗朗上口，但遗憾的是，在实战验证时效果并不佳。虽然夏琳很喜欢她的"统一话术"，但她表示，每当与他人提到这个名字时，对方就会锁定在"设计师"这个词上面，这又把她打回园林建筑师这个大众化的类别里了。

和尼克一样，她不得不放弃这个名字。你可以想想这有多痛苦。好不容易构思了所有内容，完成了长时间的练习、练习、练习，最终能够自如表现出来了。

但一切又得重新开始了。

不久后，夏琳想到了一个新名字：自然和谐者。

而当她在社交场合实践时，用她的话说"结果马上就出来了"。在不到一年的时间，她的收入暴涨，还荣获了两项颇具影响力的小企业奖。

虽然起初人们对于夏琳和尼克构想的"统一话术"的评价听起来可能比较刺耳，但他们收到反馈后，就快速根据反馈情况进行了重新调整，这一点对他们的成功至关重要。是的，不得不更换自己所爱的"统一话术"的确令人感到沮丧，但这也是整个过程的一部分。

这让我想到了我最后，也是最重要的一条有关验证的建议：你必须全身心接受、认可这个新的自己。

吉米·布朗就是一个很好的例子。如果不接受自我，那么简单的事情也会出错。

吉米是一家精品店管理服务公司（MSP）的老板。与他交谈后，我了解到他已经用他们的技术帮助了很多企业。但他真正的闪光点是，他能够帮助注册会计师们应对伴随纳税季而来的繁杂工作和安全挑战。

如果你对此并未关注过多的话，那你可能不知道，全年无休的会计们在纳税季来临时工作量会猛涨。

能够处理额外资源需求的高效系统，是繁忙期的生存必备条件。但问题是，许多会计都有一种"如果没坏，那就不修"的心理……也就是说，直到他们的系统在纳税截止日期前几天崩溃，或被黑客攻击导致客户敏感信息泄露时，他们才会想起找人维修。

我说："吉米，你为什么不称自己为'注会守卫者呢'？"我解释道，这个称呼完全表明了，他有能力帮助忙碌的会计师事务所摆脱技术和安全上所带来的挑战和压力。

"我喜欢这个称呼。"吉米回答道。

"太好了。现在该在实战中验证它是否起效了。"

几周后，还未提到验证有效前，吉米便在我们的线上

社群里宣布，他的新网站已经建好，欢迎大家提出各种反馈意见。

我联系了他："吉米，我很高兴得知你的新网站已经建好。不过，我有些担心一件事，你在实战中检验过这个称呼的效果了吗？"

"不，还没有。我想先准备好我的个人网站和领英的资料。"

我提醒他，检验并不是指准备好一切，而是指确定每件事都行之有效。也就是说，在建立网站或更新社交资料前，要确保你所要做的每件事都是正确可行的。这样做，是为了确保你的"统一话术"、剧本和故事能够与你的目标客户群产生共鸣，能够使对方产生兴趣或为之感到兴奋。

感觉吉米陷入了一个我称之为"忙着拖延"的恶性循环里，就是说，除了他想逃避的那件事，其他任何事情他都可以做。所以，我对他说："伙计，虽然你现在做的事情很棒，但你这也算是在逃避。你该参加一次社交活动，开始你的研究并练习你的剧本了！你现在的这些不过是权宜之计！快去验证'统一话术'是否奏效吧！"

不过，吉米只听进去了一部分。他参加了世界商讯机构（BNI）在当地举办的一场活动。

在这次会议上，每人都受邀用62秒的时间介绍了自己。吉米站起身介绍自己为"注会守卫者"，然后解释了能为他人做的几项基本内容。

一位听众，似乎是想帮帮他，随即说道："你所做的事情，听起来对各行各业都有帮助。我可以把我认识的所有企业主介绍给你吗？"

吉米兴奋地回答，就好像他马上就要有上百单业务了："没错，我确实能帮到每个人！"

所以吉米回来对我说："我参加了人生中第一场社交，试验了我的'统一话术'。但不幸的是，人们只关注注册会计师这个点。"

"没关系的，这也是实践过程的一部分。"我回答道，"但我想问问你，当你向其他人分享了你的'统一话术'时，对方有没有邀请你分享更多内容？你有没有按照你的社交剧本，给他们讲讲你的那些故事呢？"

"没有。"他说，"我只分享了我的'统一话术'，之后没时间分享全部内容了。"然后，他向我大致重演了当时的情形。

"吉米，我有个好消息，也有个坏消息要告诉你。好消息是，你的'统一话术'和社交剧本并没有失败。但坏消息是，很不幸，你还没有测试完全。"我解释说，向他人分享'统一话术'让他从同行中脱颖而出，但随后他花时间描述的职业基本职能，又抹掉了这份特别之处。这就是为什么说，一切都可能出问题。

　　然后我提出了我更关心的一个点。"我有点困惑，为什么你回答完能为各行各业都带来帮助后，就闭口不谈其他内容了。你本可以说，'是的，我的确可以帮助各行各业的企业主；不过，我真正出彩的点，在于我能够帮助会计师事务所应对伴随纳税季而来的繁杂业务和安全挑战。这不仅是我热衷的，同样还是我选择专攻此项业务的原因'。"

　　"我当时只是想，如果我说我可以帮助各行各业的人，那么他就会给我介绍更多业务。"

　　"也许他会这样做，但他介绍给你的每个人，都可能只当你是家谁都能服务的管理服务提供商（MSP），那么你就和其他同行一样，毫无记忆点了。对于这样的客户来说，价格永远是他们考虑的重点。如果你在自己的目标客户群上加倍努力，可能他们不会介绍那么多新客户来，但他们的需求都是与你的专业完全对口的。他们会认为你是唯一合理的选择，并会为你的专业知识支付溢价。

　　"试想一下，在未来数周或数月，一位注册会计师向你曾遇到过的世界商讯机构成员抱怨他们的计算机速度慢或安全有隐患时，虽然他们可能会拒绝别人向其引荐'另一家MSP'，但如果对方称你为'注会守卫者'的话，我想他们不太可能会拒绝认识一位专家的。"

　　我向他解释完这些事后，对他说："你得重新开始了。重新选择一场社交活动吧，开始前请先做好调查，好好练习自己的剧本，然后再去检验成果吧。"

从吉米的故事中我们可以看出，重点并不仅仅在于构思自己的"统一话术"和社交剧本，还要将本书学到的所有知识学以致用。只有这样，你才能得到必要的反馈，从而成为一名社交高手。

工厂生产线

我喜欢把自己社交的方法想象成亨利·福特的生产流水线。他因推出了全球第一批量产汽车而闻名；然而，能体现他真正天赋的地方在于他那套不断改进的体系。

如果你是一个历史爱好者，那么你可能知道，1908年8月，福特汽车公司（以下简称福特公司）在密歇根州生产出了第一辆T型车。世界首款量产车的可靠性和经济性，使其获得了巨大成功。事实上，在其发布后的几天里，福特公司便已收到15000辆T型车的订单。

不过，在开始生产的第一个月里，福特公司只生产出了11辆汽车。对，只有11辆。按这个速度生产，完成这些订单大概需要110年。为了加快生产线的速度，福特将生产线分成了84块。他每天都对生产线的各环节进行调整，以提高各环节效率。

1909年年底，也就是距离第一辆T型车生产出来不到18个月，福特已经生产出了一万余辆T型车。1916年，福特公司年产量超过50万辆。到1927年，高地公园（Highland Park）生产线已产出1500万辆T型车。

福特公司是如何快速提高生产速度的？

简而言之，就是简化流程。

早期，福特的装配线非常简单，他并不允许有任何改动。事实上，很多年后，福特才开始生产多种颜色的汽车；你可能还记得他那句经典妙语："客户想要什么颜色都行，只要是黑色的。"

这就是我希望你在社交时关注的重点。

正如亨利·福特，他优先考虑开发出一条高效的装配线，然后再去考虑增添其他花哨装饰，我希望你在操心修饰话术前，能够先把重点放在做好一些基础的东西上。

我希望你能专注于创造出一套自己可以掌控、预测、运用的系统化方法后，再考虑对其进行完善。

在每次社交活动后，都进行复盘评估。对方有没有邀请你分享更多内容？你有没有在讲完自己的"统一话术"后稍做停顿？当时对方做何反应？你有没有严格遵循自己的剧本？你的讲述听起来足够口语化吗？你的故事讲得如何？对方的反应和预期的一样吗？有没有你不知如何回应的难题？讨论中未唤起行动意愿的人里，有你的目标客户吗？如果有，那么你能否找到问题所在？有哪些地方是可以改进的吗？

提出这些问题的重点并不在于自我批评。

如果没有达到预期效果，问题并不是出在你自身或是性格上面，这只是证明你的社交方法可能需要改进。

这样想岂不是轻松了很多？

不管当时看起来或感觉多不靠谱，先相信这个方法能够起效，并将之投入使用，然后专注于不断精进整个流程。

你可能会无意间把故事讲得乱七八糟，或说完自己的"统一话术"后忘记停下。甚至还可能会发现对方对你说的内容毫不买账，就像夏琳和尼克的"统一话术"那样。但你仍要不断练习、实践并完善这套方法。用不了多久，你便能稳定、完美、流畅地在实战中使用了。

如果你按照我所说的做了，那么不久的将来，你将可以以充足的准备去迎接每一次突如其来的社交机会的到来。事实上，无论是社交聚会、企业活动、会议会谈或是出行途中，你将会因与他人交流而感到兴奋不已，同样还能对谈话时要说或要做的内容了然于心。你会惊讶地发现，说些题外话也变得容易起来了。

不知不觉间，你可能已经成功地和许多潜在客户交谈过了，也有了不少有强大动力的资源伙伴，还可能已经认识了一群愿意支持你的捍卫者。

所以你还在等什么？

我们一起生产出你的"第一辆T型车"吧。

第十章

数字前沿

被人注意很好。

不过，被人需要更为关键。

——美国著名创业家、营销大师

赛斯·高汀（Seth Godin）

危机中现转机

我真的无法想象安吉拉·达兰特所经历的事。

她丈夫患癌多年，家里的经济来源全靠她一人支撑，这一切都使她压力重重，精神疲惫不堪。虽然多年来她一直很享受担任声乐教练的这份工作，但作为家中唯一的经济支柱（既需要抚养年幼的孩子，还需要负担配偶的治疗费用），她只能为了偿还账单而拼命工作，根本无法享受自己的事业。

更糟的是，在丈夫第三次癌症复发和大手术后的12个月内，安吉拉的母亲在久病后去世了。之后，安吉拉自己被确诊患有糖尿病。医生说她需要放慢生活节奏，减重，减压。不然，下一个进医院的就是她了。

"这就像压垮骆驼的最后一根稻草。"安吉拉告诉我。所以想象一下，一个人能承受多少？尽管他们的银行账户上并没有多少积蓄，但她还是说道："我知道自己需要休息一下。"

然而休假六个月后，他们的积蓄就快要耗尽了。幸运

的是，大约在这个时候，她接到了佐吉（Zokit）创办人尼尔·劳埃德（Neil Lloyd）打来的电话。佐吉是她家乡威尔士加的夫的一家社交活动公司。尼尔是在一次社交活动上认识她的，他想为自己举办的商业博览会的参会者提供些特别的内容。他问安吉拉是否有兴趣在小组讨论中开设一门沟通大师课。

安吉拉相信尼尔对她的信任，并着手制订自己的计划。她后来告诉我："这有点像是神的旨意。这份工作将我在大公司里学到的和这些年来教声乐的知识结合在了一起。我真是太爱这份工作了！"因此，2019年1月，她开设了标新立异交流课（Maverick Communications），专注于帮助管理者和领导者更好与团队进行沟通。她感觉自己终于找到了一份能够改变自己生活的事业：自己热爱这份工作，而且客户还能支付给她大笔费用。

不幸的是，尽管安吉拉很热衷于自己的这份新事业，但经营5个月后，她的收入还是不到每月支出的一半。这让她深陷债务漩涡。

因此，安吉拉立即行动起来，开始运用本书及我的第一本书里提到的所有策略。

我很高兴看到，几天之内，由于她有强烈的行动意愿（并获得了一些非常支持她的学院成员的帮助），她定下了自己的目标客户群（高管），写完了扣人心弦的故事，并将自己的"统一话术"定为"影响力策略师"。经过不少时间的准备和练习，她开始参加社交活动，检验一切是否都有成效。

不到一个月，安吉拉就锁定了一位企业培训客户和一系列的高管一对一服务客户。这让她的收入翻了不止一倍。最后，她不仅没有欠下更多钱，反而慢慢还清了债务。

仅仅60天，她的工作就已经排满了。事实上，她甚至还开玩笑说："成果验证的时候就非常顺利了。虽然我的业务增长很快，但我并没有把全部基础工作做到位。所以得尽快了。"

我知道这听起来像个大问题。但实际上，安吉拉只是被困在了另一种"仓鼠滚轮"里。是的，她的确有了客户；但她必须不断拓展人脉，以确保能带来更多收入，与此同时，她还要应付不断增长的业务需求。

请记住，这本书的目标是帮助你主宰社交场合，让客户主动来找你……从此，你就永远不必再去被动地奔波于各种社交活动之间，极力搜寻客户了（除非你自己想）。

虽然安吉拉的生活的确发生了改变，但某种程度上来说，这只成功了一半。为了永远摆脱"仓鼠滚轮"般的生活，安吉拉需要将线下的成功带到线上。这能使她进军全球市场，让理想客户主动来找她，这样不仅可以要价更高，还无须再整日忙于搜寻新客户。

　　但安吉拉不愿迈出这一步。不管我怎样敦促她应该去关注自己的线上业务，她都还是停滞不前。

　　我当然知道这是为什么。毕竟，这是多年来安吉拉第一次感觉终于可以放松一下了。她告诉我："当我的业务实现了快速增长，看到所有钱都入账了时，我感觉自己终于从以前的困窘处境里解脱出来了。我终于有了稳定的收入，而且还是份不断增长的收入。这让我感到很安心。"

　　她接着说："我一直在想我能处理好线上的事务，但又感觉就算没有线上业务网站，我现在赚的也比以前多得多了，所以我这样拖了一个月又一个月。不过，现在一切都还算很顺利。"

　　但不久后的一个早晨，悲剧再次降临，她丈夫的身体又出现了状况。在短短几分钟的时间里，安吉拉的状态就从对未来充满美好憧憬瞬间变为跟随一辆救护车赶往医院。值得庆幸的是，她的丈夫恢复得很好，可以回家休养了。但由于他的免疫系统受损了，所以这意味着在全球新冠肺炎疫情封锁的6个月前，他们就要开始自我隔离了。

　　呃，现在该怎么办？安吉拉快速增长的收入，全部来源于线下社交成果和面对面授课，而这些现在几乎都无法安全开展。

　　正如你想象的那样，由于害怕把病毒带回家，她无法出门社交，这样一来，她刚起步的事业便亮起了红灯，戛然而止。安吉拉现在别无他选。如果她想继续养家糊口，要么开始线上业务，要么就只能破产。

幸运的是，她的人脉和销售剧本已经让她遥遥领先了。你看，就像大多数人不知道在社交场合应该说些什么一样，他们也不知道如何通过网络传达自身的价值。但安吉拉之前已经煞费苦心地验证、完善，且证明了她的话术及销售方法是可行的。她知道该说些什么才能让她的理想目标客户群产生兴趣并产生购买欲望。她余下要做的就是通过互联网将这些信息传达给他人。

问题是，由于安吉拉的收入即将见底，她迫切渴望一切能快速见效。她感觉自己没时间投入所有的线上平台。因此，她只在一个平台——领英上加倍努力。

她更新了自己领英上的个人资料，并用自己已验证且完善过的信息联系了20个人。

不到36小时，她就售出了价值3000美元的课程，这笔钱已经存入了她的银行账户。

安吉拉在我们的交流群里分享说："我意识到我现在使用的方式还稍显落后，但这对我来说却是开创性的……它让我知道，即使周遭环境混乱，我也可以在一天之内赚到钱。"

在这之后不久，一位高管主动找到安吉拉，希望能预订她一对一的服务。当安吉拉问他为什么会主动找自己时，他回答说："我在领英上看了你的资料，感觉就像你

在跟我说话一样。在我给你打电话前，我就知道自己想聘用你了。"他是第一位为她带来15000法郎收入的大客户（当时相当于20000美元）。

一场突变让安吉拉从人口不足35万人的加的夫开展自己的辅导和培训业务，到现在已服务于全球市场，而且收费更高，都是客户主动联系她。

在写这篇内容的时候，安吉拉已经被困在家里将近9个月，但她仍然没有自己的线上业务网站。她的注意力仍百分百集中在领英上面。然而，相比线下使用我的这套系统化社交法，她在线上赚到了更多的钱。事实上，在2020年4月，恰好在她丈夫第四次癌症复发和全球新冠肺炎疫情封锁期间，安吉拉的销售额达到了她有史以来的最高水平。

你永远都不知道生活会给你什么。贾斯汀·麦卡洛曾经历过飓风哈维；吉姆·科默的父母曾突然需要他全天候看护照料；惠特尼·科尔曾在短短几个月内就丢掉了3个长期客户；我父亲曾兢兢业业工作了10年却突遭解雇。而且，我想任何人都不会忘记新冠肺炎疫情给数百万的线下企业和稳定职业带来的冲击。

一切顺利时，生活当然会更轻松，但不幸的是，生活总会出岔子。这就是为什么，即便一切都进展顺利，我还是会强烈建议你努力拓展线上工作（尤其是新冠肺炎疫情来临后）。它是保障你的职业或事业的最后保护伞，也远比你想象得要重要得多。

安吉拉说，如果她能在灾难降临的前一年告诉自己一件事，那就是："当你验证且完善好了自己的社交和销售模式时，即便一切看起来都很顺利，也不要安于现状，停滞不前。切莫将就，要精益求精。"

我个人关于开展线上业务的恐惧心理

我几乎是太不好意思承认这一点，但在2014年移居美国前，我曾认为线上营销有点天方夜谭。

我以前在业务上的确做得很不错，但它们都是实体店，主要是靠直销、电话销售和零售店来获取新客户。当然了，每个企业都有自己的网站，但这足以让人放心地开出大额支票了。仅此而已。这就是我曾在线上付出过的所有努力。

说我对线上业务一无所知都算是轻描淡写了。那时候，我甚至都不知道怎么在网站上将单词"the"改成单词"they"。我还记得，当时自己就为了做这样的小改动，我还专门"骚扰"了网站开发人员好几周。但最终自己还是没能弄成功，只好沮丧地开车去了他们的办公室，工作人员花了几秒钟就完成了改动。

当我搬到奥斯汀时，我想自己无论如何都要改变这一切。

最初，我计划通过面对面社交的方式来发展新业务，但几周后，我意识到一点：要是我从奥斯汀搬走怎么办？记得之前离开墨尔本时，我几乎丢下了一切，我的人脉、我的媒体联系人、我的生意伙伴，以及我的同事……而这些原本是我的一切。如果又以同样的方式在奥斯汀建立自己的企业，要么与这个城市永远绑定在一起，要么搬家后就得从头再来。

我意识到自己应该以一种更明智的方法建立起自己的企业，也就是说，要足够灵活，无论我走到哪儿，我都能带着它。

我需要建立线上业务。这个概念对我来说，不仅陌生，而且非常恐怖。

我被这项工作吓到了，考虑要不要干脆雇个人来帮我。我和许多自诩"专家"的人沟通过，但他们自己都很难找到新客户，我怎么能相信他们能够打理好我的业务？我意识到唯一能让自己远离恐惧和猜疑的方法就是：自己去学习线上营销。

正如我曾经坚持不懈地研究并开创一套可行的销售和社交方法一样，我现在需要把重点转向如何在线上有效吸引到新的目标客户、资源伙伴和捍卫者，并将流程整理出来。

我开始尽我所能地对其进行研究。我每周通过有声书平台（Audible）听3～5本书（开3倍速，我们澳大利亚人不仅讲话速度快，听话速度也很快），每天还通过文字转语音功能至少听8篇博客文章，并一直疯狂做笔记。

我面临的其中一个挑战就是：战术太多。有的只是看起来很光鲜亮丽，而有些则是有望成功的高招。大多数方法都需要耗费数月，还不能确保一定奏效。即便是基础材料也满是术语和自相矛盾的建议。如果你曾尝试过开动脑筋了解数字营销的世界，那么你会发现很快它就会让你一头雾水。

我也知道自己没法整日挂在社交媒体上，给午餐拍个照或即兴录段视频发到网上；这些想法让我感到焦虑。而且由于我当时觉得阅读跟写作对自己来说很困难，定期发布博客内容也更是件不可能的事。这让我的调研变得更加困难，因为许多专家都在强调不断发布新鲜动态的重要性。对我来说，那就如同一份全职工作。谢谢，但不必了。

但后来，烦恼了两个月后，我终于悟到了。我注意到了线上线下销售和营销的重叠部分，以及线上线下应如何共存。我突然意识到，我之前在系统化社交流程上所付出的努力为我开展线上业务带来了巨大优势。这就好像我已经优先获取了通关密码。

我终于明白为什么那么多建议的重心都放在花哨的战术和大量辛苦工作的思想灌输上面了。这是因为，提出这些策略的专家们，想帮那些资质平平的人在充满竞争的全球市场崭露头角。他们想向你展示如何通过比其他人更努力工作或使用一种其他人还没有尝试过的"新事物"来脱颖而出（但所谓的"新事物"大家很快都能学会，这只会让你之前所做的一切努力变成另一种耗时的无用功）。

我发现有一种方法不仅能简化一切，还可以避开线上的忙碌。无须什么花哨的工具（尽管我的确发现了些能够将此

流程自动化的工具），而是利用我们在本书中所学到的一切内容。在避开那些华而不实的内容和前后矛盾的策略后，我发现自己可以拼凑出一套真正可行的基本方法。

和亨利·福特一样，在添加花哨装饰前，我优先考虑建立起一条高效的"生产线"。

事实上，我一开始并未打算尝试线上销售；对于我来说，这是我从未计划面对的不必要的麻烦事。相反，为了让我的目标客户群注意到我，我专注于使用自己完善好的信息，从而让他们对我所做的事情产生兴趣，并主动与我联系。自那之后，我便会通过电话与他们单独讨论或完成销售（与资源伙伴或捍卫者建立联系也是如此）。

这个方法行之有效，甚至都没有很难。像安吉拉那样，我精心验证、完善且证实了我的整套沟通话术。所以，即使网络世界里有很多嘈杂的声音，找到我的理想听众，用有效的"统一话术"吸引到他们，似乎仍是件轻而易举的事。

事实上，在花了一个月和几百美元建立了我的个人网站和社交资料后，我根本没再修改或触碰过它们。我只是太忙了，没时间修改它们。

但这并没有影响我。就算不花一美元做广告，高知名度、高报价的潜在客户也会被我吸引，而自动找上门来（好吧，我可能只在脸书的置顶帖子功能上花了5美元，但仅此而已）。

直到2017年，在我的第一本书发行之前，我才更新了我的网站和社交资料。也就是现在你所看到的那样。现在，我仍然让一切顺其自然，而不是终日烦恼于无休止的内容创造，或不断变换的社交媒体营销趋势。

每周我都会碰到一些人，他们比我更了解什么是搜索引擎优化（SEO）、点击付费广告（PPC），或其他那些满口术语的数字营销人员所提到的线上业务成功的关键。但这并没有影响我在线上赚大钱。事实上，这甚至都没能阻止他们成为我的客户。

所以，请不要迷失在成千上万的策略里。不要被那些各种各样的花哨技巧迷花了眼。只要用上你在本书中学到的那些知识，不要将其复杂化，建立你的第一个线上"生产线"就行。

你拥有线上社交的成功要素

还记得"信心建筑师"杰伊·卡利吗？就是跑到线下会议验证自己初版剧本的那个人。他之所以选择这个方法测试自己的"统一话术"，其中一个原因是：他是一位住在墨西哥坎昆市的美国人。由于语言不通，在本地进行线下验证是一件很有挑战的事情。

语言障碍也是他难以获取客户的一个重要因素；面对面社交和现场培训并不是他的真实选择。事实上，他为英语母语者提供线上私人培训。但是，这迫使他不仅要和线下培训师打擂，还要和数百名同样职业的线上培训师竞争。无论线

上还是线下，大家都用着类似的介绍。

但成功验证后，杰伊只是简单将其嵌入脸书的在线信息，然后像安吉拉那样，直接发送了几条信息。也就是说，只是在网站上简单变更了几处基本信息，就让他的业务预约排满了，还实现了差不多5年前他为自己制定的目标。这一切都发生在成功验证后的短短6周里。

自称"韵律私语者"的娜塔莎·沃罗比奥娃也遇到了类似的挑战。不过不是因为语言不通，而是因为她的新业务是关于营销计量的。这是一种分析付费效果和有效在线交互的先进方法。娜塔莎告诉我，可惜在她的祖国比利时，企业并没有真正参加很多线上产品发布会，而这才是她真正的亮点所在。

在最初的验证成功之后，她主要在脸书小组群里同潜在客户互动、分享她的个人信息并展现自身价值。不久后，便引来了对方的主动来电咨询，然后她就会通过自己的销售方法来完成余下工作。她还会着重介绍自己在这些小组中认识的潜在资源伙伴，而这些伙伴通常也会回报她的帮助。

如今，她已经能吸引到几位带来数百万美元订单的大客户了，还通过做自己热衷的事情过上了不错的生活。

然后就是自称"套利策划师"的沙恩，他就是那个帮助医生利用商业地产过上幸福退休生活的人。他验证成功后，就发布了一个播客，很快加拿大皇家银行（Royal Bank of Canada）和一个由3000名医生组建的团队找到他，希望与他合作。

　　谁能忘记第五章中自称"使命专家"惠特尼·科尔的故事呢？她就住在密尔沃基市外的一个偏远小镇。我们在确定了她的目标客户群是医疗科技公司后，发现要在现实生活中与潜在客户之间建立起人脉关系是一件不可能的事情。所以，在她的初步验证通过之后，她不过是将自己完善和练习好的信息加进了领英上的线上帖子，很快便开始有潜在客户主动联系她。从那里以后，没过多久，她的收入水平就暴涨至每月35000美元。

　　在现今的数字化时代，线上业务的成功案例层出不穷。然而，要是没有在步入社交场合前开展的那些前期准备工作，那么这些成功可能永远都无法实现。

　　所以，一旦你成功完成了验证并完善了你的社交剧本，那么就该将你前期所有的辛苦准备工作在互联网中投入实战了。

▌后记

即使你在5年前告诉我，我儿时心中的两位英雄最终会出现在我的好友列表里，我也会害羞地摇摇头，然后把你打发走。

我来自一个贫寒的家庭，祖辈们一直都勤勤恳恳、努力工作，但没什么人脉。我的一位祖父是剪羊毛的，另一位（可能是外祖父）在工厂工作。我的一位祖母在食堂工作，另一位（可能是外祖母）是个裁缝。我的母亲大概是她高中里最聪明的学生了，但当她想读大学的时候，她的父亲说道："我的孩子不会上大学的。你可以去城里最好的文秘学校，学一门正经手艺。"

所以她就这么照做了。她以优异的成绩毕了业，然后做了很多年的秘书。

但是，这份毫无挑战性的工作让她感到枯燥乏味，加上常年打字导致肩部越来越痛，最终母亲再也无法忍受这样的生活，于是她就辞掉了这份工作。

正是在这个时候，她遇到了迈克尔·格伯（Michael E. Gerber）的《创业神话》（*The E-Myth*），这本书可以算是小企业系统化的宝典。她因此受到启发，开始了自己的培训事业。当时我还只是一个十几岁的小毛孩，但我仍然记得父母围坐在饭桌旁讨论着小企业面临的问题，创业者们是如何陷入总需要去"救火"的困境，以及系统化为何是让小企业主过上幸福生活的关键。

这些讨论内容在我心里深深播下了一粒种子，不仅对我影响深远，并且在未来潜移默化地改变着我的人生：大多数人都觉得自己总是困在这样或那样的问题里，而且系统化的方法往往是他们解决这些问题的唯一出路。

接下来的一年，我妈妈正式开始了自己的事业。然而，像很多新的企业主（甚至是成熟企业的企业主）一样，尽管满腹热情和才华，但她依旧很难找到感兴趣的潜在客户。她的救星是世界商讯机构BNI（由伊万·米斯纳博士创立）。利用他们所说的"邀舞卡"的力量，她最终收获了一群欣赏她、报酬适中的常客。

对我来说，迈克尔·格伯和伊万·米斯纳都是远在地球另一端的传奇人物，是他们给了我那生活在偏远小镇的母亲一把开启通往更好生活之门的钥匙。

一晃，近20年已经过去了。还记得当时我的一位资源伙伴介绍我认识伊万·米斯纳，你能想象到我有多震惊吗？而几年后，我的线上社交策略又促使迈克尔·格伯主动联系了我，你能想象到我当时有多惊喜和意外吗？

从听闻这些小企业巨擘，到他们成为我的人脉，而且还不只是联系人，我们现在已经成了朋友……太不可思议了。真的是让人大吃一惊。

　　这些成功和好运的发生，很大程度上是因为我真正接受了我的内向性格，而不是将其视为一种负担。我将自己作为内向者的这些强项：准备、计划和同理心，与我对系统化社交法的信念和努力投入的决心融合在了一起。这套系统化方法让我实现了自己的梦想生活，从只能仰慕地谈起迈克尔和伊万，到现实中与他们交谈，获得他们的支持。如今，我的使命就是帮助像我们这样的内向者，意识到自己没必要变成（或假装成）外向者。因为我们成功的方式不同。当我们坦然接受这一点，并利用起系统化的力量时，我们就会发现自己的优势，创造出属于自己的好运，并实现我们的梦想。

　　这一切取决于你自己。请相信自己，相信自己的能力，相信我的这套系统化社交法——然后，去改变你的生活吧。

马修·波拉德